Jürgen Blut, Mirco Blut

Quo vadis, Bundesliga?

Wie zukunftsfähig ist der Profifußball? –
Analysen und Visionen am Beispiel Hannover 96

Jürgen Blut, Mirco Blut

QUO VADIS, BUNDESLIGA ?

Wie zukunftsfähig ist der Profifußball? –
Analysen und Visionen am Beispiel Hannover 96

ibidem-Verlag
Stuttgart

Bibliografische Information der Deutschen Nationalbibliothek
Die Deutsche Nationalbibliothek verzeichnet diese Publikation in der Deutschen Nationalbibliografie; detaillierte bibliografische Daten sind im Internet über http://dnb.d-nb.de abrufbar.

Bibliographic information published by the Deutsche Nationalbibliothek
Die Deutsche Nationalbibliothek lists this publication in the Deutsche Nationalbibliografie; detailed bibliographic data are available in the Internet at http://dnb.d-nb.de.

Coverabbildung: Alessio / openclipart

∞

Gedruckt auf alterungsbeständigem, säurefreien Papier
Printed on acid-free paper

ISBN-13: 978-3-8382-0756-8

© *ibidem*-Verlag
Stuttgart 2015

Printed in Germany

"Die Arbeit in der Liga ist vorbei ..."

Pep Guardiola (FC Bayern München):

April 2014 – nach der Niederlage gegen Augsburg nach
einer Serie von 53 ungeschlagenen Spielen.

Inhalt

Vorwort 9

Einleitung 13

Lebt das Produkt Bundesliga? 15

Abstiegskampf – die neue Meisterschaft? 23

Jeder Verein hat seine eigene Genese 27

Funktionseinheit Sportdirektor 31

Generation "Direktor" 37

Trainerwechsel – Erfolg oder Irrtum? 47

Berater – Fluch oder Segen? 53

Die Fans – nur noch emotionales Beiwerk? 59

Masterplan Zukunft 65

Benchmark 71

Die Ziele von Diversifikation 77

Standortmarketing – Wirtschaftsfaktor Bundesliga 89

Visionen – die Ausgangslage 95

Ein Weg in dic Zukunft · Strategiezirkel 109

Quo vadis, Hannover 96? 117

Vorgeschichte – Vision + Idee 129

Fazit – Visionen 151

Schlusswort 153

Vorwort

Es ist noch kein Meister vom Himmel gefallen ...
Clausthal-Zellerfeld im Oktober 2014 – große Ereignisse 
werfen ihre Schatten voraus. Am 1. Januar 2015 wird aus
der Samtgemeinde Oberharz die Berg- und Universitäts-
stadt Clausthal-Zellerfeld. Die niedersächsische Landes-
regierung hat die dafür notwendigen gesetzlichen und finanziellen Voraussetzungen geschaffen.
Bereits bei ihrer Gründung in den siebziger Jahren sind die selbstständigen
Gemeinden Clausthal-Zellerfeld, Altenau, Wildemann und Schulenberg den
Weg eines Zusammenschluss zu einer Verwaltungseinheit gegangen, um im
Herz des nördlichsten Mittelgebirges Deutschlands Synergien und Verbundeffekte zur besseren Erledigung kommunaler Aufgaben zu erreichen. Durch
die jetzt anstehende soll eine zukunftsfähige und leistungsstarke Einheits-
kommune entstehen, die die richtige Antwort auf die Herausforderungen für
Demographie und Haushalt der Kommunen liefert. Wie gehen die Menschen
unserer Oberharzer Gebirgsregion mit diesem auch emotional wichtigen Ereignis um?
Wir hier halten es mit der binären Auffassung des großen hannoverschen
Philosophen und Mathematikers Gottfried Wilhelm Leibniz "unitas in multi-
tudine" (Einheit der Vielfalt). Anders gesagt: Diversifikation, cingebunden in
ein einheitliches, verbundenes System wie einer Marke, einem Unternehmen
– auch Sportunternehmen –, einer Region oder Gemeinde ist gut und richtig.
Verbund, Synergie, Diversifikation in Verbindung mit Visionen sind maßgebliche Faktoren, auf denen gesellschaftliche Zukunftsfelder stehen sollten.
Was erstmal komplex und technokratisch klingt, wird dann lebendig, wenn
Menschen an ihr eigenes Umfeld und ihre Identität denken. Nicht umsonst
hat das Bürgerfest zum "Tag der Deutschen Einheit" 2014 in der nieder-
sächsischen Landhauptstadt rund um den Maschsee das Motto: "Vereint in
Vielfalt".
So fanden in Sichtweite der Spielstätte von Hannover 96 einmal mehr bunte
und fröhliche Feierlichkeiten voller Emotionen statt. Wie zum Beispiel 1954.
Im Mai vor 60 Jahren jubelten zehntausende Hannoveraner dem am wenigs-
ten erwarteten Deutschen Meister der Fußballgeschichte zu: Hannover 96.
Und schwenkten visionäre Plakate: "Seht keinen Spuk, hört keine Geister,
Hannover ist Deutscher Meister." Im September des gleichen Jahres durfte

die Mannschaft erstmals vor Rekordkulisse im frisch eingeweihten Niedersachsenstadion antreten.

Fest steht: Ohne visionäre Vorstellungskraft, vernünftige Planung und Vielfalt der Mannschaft sowie der Verantwortlichen im "Team hinter dem Team" hätte es weder das eine noch das andere Ereignis gegeben.

Auch Clausthal-Zellerfeld hat in dieser Hinsicht einen besonderen Beitrag zur Entwicklung und Identitätsstiftung geleistet. In den vergangenen Jahren sind wir kontinuierlich zu einer Biathlon-Hochburg herangewachsen. Für die Samtgemeinde Oberharz ist hier ein Standortfaktor von herausragender Bedeutung herangewachsen. Mit Arnd Peiffer, Daniel Böhm und Franziska Hildebrandt sind echte "Harzer Heros" bekannte Markenzeichen im internationalen Biathlonbetrieb. Für die Samtgemeinde Oberharz ist diese Entwicklung vor allem das Ergebnis solider Planung und nachhaltiger Aufbauarbeit. Im Rahmen eines Nachwuchsförderkonzepts, das der Niedersächsische Skiverband e.V. aufgelegt hat, wurde bereits 1998 ein eigenes Skiinternat errichtet, um junge Talente aktiv zu fördern. Die Professionalität wird durch Rollskistrecken, Biathlon-Schießanlagen und Beschneiungsanlagen unterstrichen, die wettkampfgerechte und schneesichere Trainings- und Sportstätten gewährleisten. Diese Finanzierung erfolgte 2008 in einer konzertierten Aktion von Kreis- und LandesSportBund Niedersachsen, Deutschen Skiverband, Landkreis Goslar, Samtgemeinde Oberharz und dem Förderverein Skiinternat.

Der Lohn dieser Investitionen ist vielfältig: 2010 wurden die Landesleistungszentren Biathlon zum Bundesleistungszentrum Nachwuchsleistungssport erhoben, Arbeitsstätte mehrerer Toptrainer und ihrer Stäbe. Die Harzer Biathleten schafften den Durchbruch. Daniel Böhm gewann den Europameistertitel, stieg in den Biathlon-Weltcup auf und gewann bei den Olympischen Winterspielen 2014 in Sotschi die Silbermedaille in der Staffel. Arnd Peiffer ist mit Siegen und etlichen Podest-Plätzen unter den Top-Ten in der Weltelite etabliert, nahm an den Olympischen Winterspielen 2010 und 2014 teil und brachte olympisches Staffelsilber mit nach Niedersachsen. 2010 gewann er WM-Gold mit der Mixed-Staffel sowie 2011 im Sprint den Weltmeistertitel. Franziska Hildebrandt krönt mit Top-Weltcup-Platzierungen und der Teilnahme an den Olympischen Winterspielen 2014 ihre Mitgliedschaft im Biathlon-Nationalteam.

Damit diese Höhenflüge der "Hidden Champions" nicht vom Himmel fallen, gilt es, sie durch vielfältige Maßnahmen zu nutzen und zu verstetigen. Dabei setzen der Niedersächsische Skiverband und die Samtgemeinde Oberharz auch auf die Dienstleistungsgesellschaften des Deutschen Skiverbands (DSV). Eine maßgebliche Rolle kommt dabei der DSV Marketing GmbH und der DSV Leistungssport GmbH zu. Hier werden strategische Aufgaben wie Verkauf der DSV-Werberechte, Organisation von Veranstaltungen sowie die Gewährleistung der bestmöglichen logistischen Versorgung aller Mannschaften substanziell und synergetisch verbunden. Maßgeblich für diese Aktivitäten ist die Vernetzung aller am Skisport beteiligten Parteien zu optimierten Ablaufprozessen und Zusatznutzen, um so Werterhalt und Wertsteigerung der im Skisport befindlichen Rechte und Lizenzen zu gewährleisten.

Dieser wertorientierte Ansatz ist beispielhaft für den zukunftsorientierten Verbund modernen Sportmanagements, substanziellen Sponsorenengagements und Standortmarketings mit nachhaltiger Regionalpolitik, wie wir sie in der Samtgemeinde Oberharz praktizieren. Der Weg war kein leichter, aber erfolgreich. Das gemeinsame Ziel: Raus aus der Nische, rein in die Mittellage.

Inwieweit gelten u.a. solche Erfahrungswerte des Biathlon-Standorts Oberharz auch für die "beste Liga der Welt" des im Hinblick auf Popularität und Finanzkraft scheinbar übermächtigen Fußballsports? Auch mit einer solchen Fragestellung beschäftigt sich das vorliegende Buch "Quo vadis, Bundesliga? Wie zukunftsfähig ist der Profifußball? – Analysen und Visionen am Beispiel Hannover 96".

Können altbekannte Rezepte wie Trainerwechsel mit hohen Abfindungsleistungen wirklich immer weiterhelfen? Sind Profisportunternehmen betriebswirtschaftlich personell immer kompetent aufgestellt? Schaffen die hohen Honorare an Berater und die undurchsichtigen Vertragsbeziehungen nachhaltigen Erfolg? Oder braucht es Mut zu neuen, auch betriebswirtschaftlichen und eben auch visionären Lösungen, um in die Erfolgsspur zu kommen und zu bleiben?

Interessierte Leserinnen und Leser werden hier bemerkenswerte aber auch ungewöhnliche und frische Antworten mit viel Herzblut für "die Roten" und Sachverstand für andere Vereine des "Mittelstands der Liga" finden.

Kernerkenntnis: Wer vernünftige unternehmerische Tugenden wie Diversifikation zur Risikominimierung und Innovationen für nachhaltigen Erfolg zu nutzen versteht, braucht – anders als Altkanzler Helmut Schmidt es meint – Visionen nicht zu scheuen. Sonst wird aus der kraftvollen "Einheit in Vielfalt" auf Dauer eine "Vielheit der Einfalt".

Eine erbauliche Lektüre wünscht

Ihr Walter Lampe

Ehemaliger Bürgermeister der Samtgemeinde Oberharz
Präsident des Niedersächsischen Skiverbands
Aufsichtsrat DSV Leistungssport GmbH
Deutscher Meister im Skispringen 1970

Einleitung

Hannover im Dezember 2014 – Werte schaffen, statt Geld verbrennen. Jeder Unternehmer wünscht sich das. Das gilt auch für ein "Premium-Produkt" wie die Fußballbundesligen. Wer gerade hier, in diesem von der Tagesform abhängigen Geschäftsmodell kontinuierlich Qualität erhalten, die Herzen der Fans erreichen und bestenfalls Substanz in Form von wirtschaftlicher und sportlicher Leistungsfähigkeit aufbauen will, kommt mit der Weisheit "Geld schießt Tore" allein nicht weit.

Kaufmännische Tugenden, vor allem Diversifikation und Verbundeffekte sind entscheidend, um den Aufwand entsprechender Investitionen in Fußballklubs in vernünftige Erträge umzumünzen.

Diese Erkenntnis, etwas anders machen zu müssen, als den eingefahrenen Wegen zu folgen, setzt sich zunehmend und kreativ im "Spielbetrieb" Bundesliga durch, wenn auch sehr langsam und behäbig. Zum Beispiel planen die Vereine der 2. Liga gemeinsam mit dem Deutschen Fußball-Bund (DFB), einen Hilfsfonds für Absteiger in die dritte Liga einzurichten, um die finanziellen Einbußen des Abstiegs abzufedern.[1]

Beim FC St Pauli wird ein Trainer bei Erfolgslosigkeit nicht einfach mit hoher Abfindung entlassen, sondern seine Kompetenzen bleiben dem Verein als Sportdirektor erhalten.[2]

Ein anderes Beispiel ist der ehemalige Cheftrainer des 1. FC Köln, der jetzt in Hamburg als Geschäftsführer eine Filiale eines der Hauptsponsoren seines Ex-Klubs betreibt.[3]

Diese Beispiele zeigen, wie weitreichend und innovativ betriebswirtschaftliches und kaufmännisches Denken jenseits von Transfermarkt und Fernsehgeldern bereits Einzug in die Bundesliga gehalten hat. Anders gesagt: Echten Profis ist kein Weg zu weit.

Doch für viele Klubs aus der Bundesliga ist es noch ein weiter Weg, um echte unternehmerische Profis zu werden. Das zeigt auch die Tatsache, dass laut von der DFL für die Saison 2013/14 ermittelten Kennzahlen mehr als hundert Mio. Euro an Honoraren für Spielerberater ausgegeben wurden[4], was aber nicht bedeutet, dass in äquivalenter Höhe Werte geschaffen wurden.

---

[1] "2. Liga: Vereine planen Hilfsfonds für Absteiger". Spiegel-online.de, 02.12.2014.

[2] "St. Pauli: Lienen neuer Trainer, Meggle jetzt Sportdirektor". Bundesliga.de, 16.12.2014.

[3] "Holger Stanislawski: Ex-St.-Pauli-Coach wird Rewe-Geschäftsführer in Hamburg". Handelsblatt.com, 25.6.2014.

[4] Der Spiegel – Ausgabe 2/2015

Das vorliegende Buch "Quo vadis, Bundesliga? Wie zukunftsfähig ist der Profifußball? – Analysen und Visionen am Beispiel Hannover 96" soll zeigen,
dass diese neuen Wege steinig, aber notwendig sind, für diejenigen, die aus
dem "Mittelfeld" zum gehobenen Mittelstand der Liga gehören und dort bleiben wollen.

Lebt das Produkt Bundesliga?

Die Bundesliga-Saison 2013/14 war sicherlich die uninspirierteste seit Jahrzehnten: Einige sagen, sie sei nur langweilig gewesen. Andere sagen, es habe nur das Außergewöhnliche gefehlt. Wieder andere kommentieren, die Saison sei dröge gewesen. Zyniker meinen, dass das Spannendste an dieser Bundesliga-Saison die vier Prozesstage um Uli Hoeneß gewesen seien.
Und um dem Ganzen noch die Krone aufzusetzen, ist noch nicht einmal der HSV abgestiegen! Das einzig wirklich Aufregende war ein paranormales Phänomen, als nämlich am neunten Spieltag ein Ball am Tor vorbeiging – und dann doch im Tor war. Jedenfalls nach Einschätzung des Schiedsrichters Felix Brych. Es hätte aber viel mehr solcher paranormaler Phänomene bedurft, um diese Saison halbwegs unterhaltsam zu gestalten.
Und so hat die 51. Bundesliga-Saison nur noch statistischen Wert:

> Spiele: 306 + 2 Relegationsspiele
>
> Tore: 967 (3,16 pro Spiel)
>
> Zuschauer: 13.311.555 (43.502 pro Spiel)
>
> Meister: FC Bayern München – seit dem 25. März 2014 (27. Spieltag)

Neben diesem Rekord gab es auch noch weitere "aufregende" Rekorde:

> Schnellste Gelb-Rote Karte in einem Bundesligaspiel: Mame Diouf (Hannover 96 – 12. Spielminute).
>
> Alleiniger Rekordhalter für Abstiege aus der Bundesliga: 1. FC Nürnberg (8x).
>
> Dem HSV genügten nur 27 Punkte, um die Klasse zu halten – historischer Ligarekord.

Die Saison 2013/14 ist Geschichte, aber was bleibt davon für die Zukunft der Bundesliga? Kann sich die Liga von so einer Saison schnell erholen, oder werden weitere uninspirierte Jahre folgen?
Derzeit sieht es so aus, als ob wir uns darauf einstellen müssten, dass die nächsten Spielzeiten wenigstens mittelfristig ein Spiegelbild der Saison 2013/14 werden.
Können Sie sich noch erinnern? Es gab Spielzeiten, in denen am letzten Spieltag die Meisterschale im Original in die eine und eine Kopie in die andere Arena gebracht werden mussten. In der letzten Saison konnte der Graveur

bereits am 25. März seinen Urlaub antreten – und das für die nächsten paar Jahre –, denn der Name des Meisters 2014/15 und wohl auch der für die nächsten Spielzeiten steht im Grunde schon jetzt fest.

Die nach dem rein deutschen Champions-League-Finale 2013 aufgekommene Euphorie und der damit verbundene Glaube, die Bundesliga wäre die interessanteste und stärkste Liga Europas, hat sich ganz schnell wieder in Luft aufgelöst. Primera División und Premier League sind zurzeit in Europa das Maß aller Dinge, wobei die Spanier einen in absehbarer Zeit kaum aufzuholenden Vorsprung haben (trotz ihres schlechten Abschneidens bei der WM 2014 und des deutschen Titelgewinns).

Diese Ligen profitieren vor allem davon, dass um die nationalen Titel immer mehrere, fast gleichstarke Teams konkurrieren. Der Wettbewerb wird dadurch erheblich gestärkt.

Aber was passiert in der Bundesliga?

Der FC Bayern München dominiert die Liga – zu stark für Deutschland, aber dennoch für Europa noch nicht stark genug. Hinter den Bayern sind vier bis fünf Mannschaften für die europäischen Plätze "gesetzt". Und danach?

In der Hannoverschen Allgemeinen Zeitung (HAZ) vom 12. Mai 2014 fragte Heiko Rehberg in seinem Kommentar: "Wie viele solcher Spielzeiten, in der kein Klub die Bayern herausfordern kann, verträgt die Bundesliga?"

Die wirtschaftliche Leistungsfähigkeit der Klubs wird immer mehr zum Faktor für Erfolg. Aber dadurch geht auch ein Teil der Fußballunterhaltung verloren. Zwar haben in der Saison 2013/14 noch Low-Budget-Klubs wie Mainz 05, SC Freiburg oder FC Augsburg gezeigt, dass man auch mit kleinem Etat temporären Erfolg haben kann. Aber das ist dann auch nur ein örtlicher oder regionaler Spaßfaktor, der der Bundesliga insgesamt keinerlei Valenz bringt.

Also kann man auch für die Saison 2014/15 schon konstatieren: Oben gut - alles gut!

Und unten? Wenn man aus der vergangenen Saison einen geringen Unterhaltungswert gewinnen will, dann würde man sagen, dass der Abstiegskampf einigermaßen, nennen wir es mal, unterhaltsam war. Aber war er das wirklich? Hat daraus die Saison 2013/14 ihren Reiz gezogen?

Mit Sicherheit nicht. Denn die direkten Absteiger standen eigentlich schon sehr lange fest. Der 1. FC Nürnberg war faktisch nach der 1. Halbserie, in der das Team kein einziges Spiel gewonnen hatte, abgestiegen, und Eintracht Braunschweig eigentlich schon vom 1. Spieltag oder sogar bereits mit dem Aufstieg. Dass sich zum Ende der Saison der eine oder andere Klub in die Gefilde der Abstiegszone hat herabfallen lassen, hat nur temporär etwas wie

Spannung aufkommen lassen, aber letztlich war auch das nur ein Strohfeuer, das die Saison insgesamt nicht retten konnte – ebenso wenig wie das Drama um den HSV. Das einzig Bleibende der Saison 2013/14 ist die Erkenntnis, dass die Hamburger die unverdientesten Nichtabsteiger der Ligageschichte sind.

Und was folgt nun? Mit dem SC Paderborn kommt ein Nobody, allerdings mit dem besten deutschen Nachwuchstrainer, aber ohne Moos. Und ohne Moos nix los – das gilt auch und gerade für die Bundesliga. Paderborn wird also, genau wie in der Vorsaison Eintracht Braunschweig, als Abstiegskandidat Nummer eins gehandelt. Mit dem 1. FC Köln kommt ein Klub in Liga 1 zurück, der es dieses Mal wissen will. Damit sind die Geißböcke, ähnlich wie Hertha BSC in der letzten Serie, für einen Platz im gesicherten Mittelfeld gut. Und somit ist auch für die Performance der neuen Aufsteiger nichts anderes als ein Déjà-vu zu erwarten.

Für die örtlichen Fans ist es sicherlich ein schönes Erlebnis, einmal oder auch wieder einmal Bundesligaluft zu schnuppern. Aber was bedeutet das für die Liga insgesamt? Belebt diese Konstellation das Show-Geschäft Bundesliga? Ist das der Unterhaltungsfaktor, den die Bundesliga dringend braucht?

Und wie sieht es im Mittelfeld der Tabelle aus? Da ist alles beim Alten. Low-Budget-Klubs und "Etablierte" rangeln sich weiter um die Plätze. Es ist äußerst interessant sich vorzustellen, dass der Kampf um die Plätze sieben bis sechzehn der Spannungsbogen der Bundesliga-Saison 2014/15 und der folgenden sein wird.

Es ist also alles beim Alten. Bleibt etwa die einzig spannende Frage, wer in der Relegation spielt?

Wird es wieder der HSV sein, oder trifft es dieses Mal Werder Bremen oder Hannover 96 – oder die Low-Budget-Klubs Mainz 05, SC Freiburg, FC Augsburg? Und wer rettet sich rechtzeitig ins gesicherte Mittelfeld? TSG 1899 Hoffenheim, Hertha BSC, Eintracht Frankfurt, VfB Stuttgart, 1. FC Köln? Sind das alles die spannenden Fragen, die wir uns für die Saison 2014/15 stellen werden?

Lebt die Bundesliga noch, oder ist sie für die nächsten Jahre ein adäquates Spiegelbild der jeweiligen Vorsaison?

Wenn wir also schon jetzt den Verlauf der Spielzeiten der nächsten in etwa voraussagen können, wo, bitteschön, bleibt dann der Wettbewerb?

Es gibt etwas Hoffnung, wie Chris Anderson und David Sally mit ihrem Buch
"Die Wahrheit liegt auf dem Platz – Warum fast alles, was wir über Fußball
wissen, falsch ist" festgestellt haben:
Die Position in der Abschlusstabelle wird demnach zunächst vom durchschnittlichen Qualitätsniveau bestimmt und danach von der größeren Bandbreite der Spielstärke des ganzen Kaders, nicht nur der ersten Elf. Hannover
96 etwa hätte über die ganze Spielzeit gesehen bessere Erfolgschancen,
wenn der Kader mit zwei Superstars und zwei schwachen Spielern bestückt
wäre – solange die besseren Spieler die weniger talentierten besser machen, so die Autoren.
Aber wer sind die Superstars? Und wo kommen die her? Und was kosten
die?
Anderson und Sally verweisen in ihren Thesen auf die sogenannte O-Ring-
Theorie[5]: Wenn Hannover 96 gegen den HSV spielt, wird das Spiel zunächst
vom Glück entschieden. Danach zählt der Heimvorteil, danach ist entscheidend, welches Team das durchschnittlich höhere Qualitätsniveau hat, danach, welches die geringere Bandbreite an Spielstärke ausweist. Es ist deshalb besser, eine Mannschaft mit lauter 70-Prozent-Spielern zu haben, als
ein Team, bei dem es zwei Spieler mit 100 Prozent, eine Mehrzahl mit 70
Prozent, einen schwachen Kicker mit 50 Prozent und einen "Vollblinden" mit
30 Prozent gibt. Die starken Glieder gewinnen keine Spiele. Die Schwachen
verlieren sie.
Dass die Autoren des Buches hier das Beispiel Hannover 96 wählten, ist sicherlich reiner Zufall, oder?
Aber bringt uns diese Theorie weiter? Erklärt sie vielleicht genau die Ereignisse der vergangenen Saison, u.a. bei Hannover 96?
Hannover 96 hat nun wahrlich keine überragende Saison gespielt. Das, was
abgeliefert wurde, war noch nicht einmal durchschnittlich. Daran hat auch
der Trainerwechsel nichts geändert. Und so stellt sich die Frage: Wer waren
die 100-Prozent-Spieler, wer die 70-Prozenter? Die meisten wären wohl eher
bei 50 und 30 Prozent einzustufen. Dass es dennoch am 30. Spieltag im
entscheidenden Heimspiel zu einem 2:1 gegen den HSV reichte, durch das

---

[5] Die O-Ring-Theorie ist ein Model der wirtschaftlichen Entwicklung und wurde von Michael
Kremer 1993 entwickelt. Der Name ist abgeleitet von der Challenger-Katastrophe 1986,
die durch einen sogenannten O-Ring verursacht wurde. Die Theorie bezieht sich auf die
Annahme, dass Unternehmen in reichen Ländern mehr komplizierte Produkte produzieren
als arme Länder und somit auch eine höhere Produktivität der Mitarbeiter haben. Die fünf
Hauptannahmen sind dabei: Unternehmen sind risikoneutraler, Arbeitsmärkte sind
wettbewerbsfähiger, Mitarbeiter sind flexibler, Mitarbeiter arbeiten miteinander, bessere
Komplementarität der Aufgaben.

der Verbleib in Liga 1 gesichert war, lag daran, dass der HSV selbst nicht über den Status "vollblind" hinauskam. Und somit wäre auch mit diesem Beispiel die Theorie von Anderson und Sally bestätigt.

Heiko Rehberg stellt in dem bereits zitierten Kommentar in der HAZ fest, dass Hannover 96 in der Saison 2013/14 eine eher begriffsstutzige Mannschaft hatte, die mehr Klasse, neue Typen und mehr Charakter brauche.

Aber reicht das alles, um die Bundesliga zu beleben? Reicht das, um mehr Wettbewerb zu schaffen? Sind es allein Typen, die die Bundesliga retten können? Wo kommt mehr Klasse her? Mehr Klasse kann nur mit dem Einsatz von mehr Geld eingekauft werden. Mehr Geld wiederum erhalten die Klubs nur durch mehr wirtschaftlichen Erfolg. Hat die Masse der Bundesliga die Ressourcen, um die geforderte Klasse zu generieren?

"Es sieht danach aus, dass die Bundesliga auch in den nächsten Jahren kaum Spannung bieten wird. 'So haben wir es schon immer gemacht', ist eine der Aussagen, die man im Fußball am häufigsten hört. Der Fußball und die Bundesliga klammern sich an Dogmen und Binsenweisheiten, an ihre Überzeugungen und Glaubenssätze. Der Fußball wird von Männern bestimmt, die ihre Kompetenzen nicht gern von Außenseitern in Frage stellen lassen wollen; von Männern, die sich sicher sind, dass ihre Sicht der Dinge die einzig wahre auf das Spiel ist. Sie wollen sich nicht sagen lassen, dass sie etwas übersehen haben. Dass es ein Wissen gibt, das ihnen fremd ist. Dass man es nicht so machen muss, wie sie es schon immer gemacht haben.
Das Fußballgeschäft ist vorsätzlich ignorant – und es ist reif für einen grundlegenden Wandel."

Die letzten Sätze hier sind ausschließlich Zitate aus dem bereits erwähnten Buch "Die Wahrheit liegt auf dem Platz" von Anderson/Sally.[6]

Sie spiegeln das wider, was die Autoren dieser Analyse im weiteren Verlauf noch explizit aufarbeiten und darstellen werden. Und so darf festgestellt werden, dass sich an der Sicht- und Handlungsweise in der Bundesliga bisher nicht sehr viel geändert hat.

Trotz des WM-Titels 2014 – oder gerade deswegen – bleibt die Frage unbeantwortet: Lebt die Bundesliga noch? Wir glauben: In den nächsten Jahren wird die Bundesliga mehr vor sich hin vegetieren als wirklich leben! Der Erfolgsfokus im Profifußball der nächsten Jahre liegt im Fun-Faktor, und dieser wird durch die Nationalmannschaft und ihre Helden getragen und sicherlich

---

[6] Chris Anderson/David Sally: "Die Wahrheit liegt auf dem Platz". Rowohlt Taschenbuch Verlag, Reinbek bei Hamburg, 2014, S. 9.

nicht durch die Protagonisten der Bundesliga, selbstverständlich mit Ausnahme des FC Bayern.

Trotzdem gibt es Hoffnung für Hannover 96! Die Hannoversche Allgemeine Zeitung (HAZ) berichtete am 20. August 2014 vom "Projekt 102": Demnach gibt es mit "drängender 10" und "schleichender 9" acht gute Gründe, warum 96 in der Saison 2014/15 oder vielleicht auch etwas später Deutscher Meister werden wird.

In seiner Kolumne "Roter Platz"[7] kolportiert der "Platzwart" satirisch die Prophezeiung Martin Kinds, Präsident von Hannover 96, 96 werde in der Saison 2014/15 zunächst einen Nichtabstiegsplatz einnehmen und dann einen einstelligen Tabellenplatz im gesicherten Mittelfeld mit Blick auf Rang 6 anstreben. Dabei habe Kind mit den neuen Millioneneinkäufen doch die Bescheidenheit längst aufgegeben, so der "Platzwart": Die neue Zielsetzung müsse also heißen: 102 Punkte nach 34 Spieltagen = 34 Siege ohne Wenn und Aber. Die ersten Rückschläge gab es für diese Zielsetzung ja bekanntermaßen leider schon, das sollte das Projekt insgesamt aber wohl kaum beeinträchtigen. Und so fordert der "Platzwart" in seiner Kolumne: Schluss mit der Tiefstapelei! Realismus einwechseln! Hannover 96 wird Deutscher Meister! Nicht in 100 Jahren, sondern in der Saison 2014/15 – oder eben später. Mit einer solchen Prognose erreiche man im Kollegenkreis schnell Expertenstatus!

Und das sind einige Auszüge der Gründe des "Platzwartes":

"Transferpolitik
Wenn Geld Tore schießt, dann geht's jetzt bei 96 richtig ab. Fünf Millionen für Joselu, viereinhalb für Kiyotake allein für die Saison 2014/15. [...].

Kader
[...] Dirk Dufner ist weiter auf der Suche nach einer flexiblen Verstärkung, die hinten, rechts außen, links innen, Mittelstürmer und im Tor spielen kann [...].

Taktische Variabilität
96 spielt 4-2-3-1 oder 4-3-3, wahlweise mit falscher 9, Doppelsechs und Umschaltspiel, oder ein 4-4-2 mit flacher Raute, hängender 11, drängender 10, schleichender 9, Ballbesitz und Spielaufbau über den Vorstopper [...].

---

[7] Hannoversche Allgemeine Zeitung Nr. 193 vom 20.08.2014

Internationalität

Japan, Litauen, Türkei, Dänemark, Chile, Hoffenheim, Österreich und ein gebürtiger Bassumer – Hannover 96 ist der Schmelztiegel der Bundesliga. Da kann der FC Bayern mit einem Holländer, einem Franzosen und zwei Spaniern einpacken. Offizielle Trainingssprache bei 96 ist Esperanto.

Numerologie

Der ultimative Beweis, dass 96 deutscher Meister wird, kommt dann aus der Zahlenmystik: 1938, 1954 und 2015 – Meisterschaften in Serie und mit System. 16 Jahre liegen zwischen dem ersten und der zweiten Meisterschaft, 61 Jahre zwischen der zweiten und der dritten. 16 und 61 ergibt 77, Quersumme 14, plus 90 Minuten und 3 Minuten Nachspielzeit gleich 107 Querminuten minus 11 Spieler ergibt 96 Querjahre. 96!
Noch Fragen? Also, wer wird nun deutscher Meister?"

Schade nur, dass es nur der "Platzwart" ist, der diese Sicht auf die Liga und somit auch auf die Zukunft von Hannover 96 hat.

Ist das nun die Zukunft der Bundesliga? Wenn das alles also so einfach wäre, dann würden sich damit die weiteren Ausführungen erübrigen.

Die Frage, die sich angesichts dieses spitzen Federlesens aufdrängt: Darf aufgrund von Lokalpatriotismus und einer "geschlossenen Gesellschaft" im Fußballbusiness nur unter dem Deckmantel der Satire über die realen Aussichten der sportlichen Zukunft von Hannover 96 nachgedacht werden?

Oder versucht der hannoversche Madsack-Verlag, Herausgeber der HAZ und Gesellschafter der Hannover 96 GmbH & Co. KGaA, mit den Mitteln des Sarkasmus verzweifelt Einfluss auf die sportlich und wirtschaftlich Verantwortlichen bei Hannover 96 zu nehmen?

In der vorliegenden Analyse wagen wir den bisher untergeordneten kaufmännischen Blick auf die wirtschaftliche Realität und das Marktpotenzial von Hannover 96 als dem "Mittelstand der Bundesliga". Strategische Investoren finden hier Ansätze, um im Hinblick auf die avisierte Öffnung der Kapitalgesellschaft Hannover 96 ab 2018 mit den dort Verantwortlichen in Dialog zu treten.

Den Anhängern der "Alten Liebe" wollen wir Mut machen. Hannover 96 braucht nicht jedes Jahr wieder "gegen den Abstieg" zu fühlen und zu denken. Mit vernünftiger wirtschaftlicher Planung und echter kaufmännischer Kompetenz kann Hannover 96 eine substanzielle Wertschöpfung für nach-

haltigen sportlichen Erfolg gewährleisten. Denn, passend zu den "Roten":
Das Sein bestimmt das Bewusstsein.

Abstiegskampf – die neue Meisterschaft?

Als in der Saison 2013/14 die Meisterschaft am 25. März 2014 gelaufen war, war gerade erst der 27. Spieltag gespielt. Zu diesem Zeitpunkt trennten den damaligen 14. 1. FC Nürnberg und den Tabellensiebzehnten VfB Stuttgart gerade einmal 2 Punkte. Ab dem 30. Spieltag stand dann aber auch bereits die Reihenfolge für den Abstieg in der Tabelle fest. 16. HSV, 17. 1. FC Nürnberg und 18., wie fast die gesamte Saison, Eintracht Braunschweig.

So weit, so gut. Damit wäre eigentlich die Saison beendet gewesen. Von da an haben die drei Tabellenletzten keinen einzigen Punkt mehr geholt! Trotzdem, weshalb auch immer, feierten noch vier weitere Klubs den Nichtabstieg: VfB Stuttgart, SC Freiburg, Werder Bremen und Hannover 96. Für diese Vereine gab es somit Grund zum Feiern. Aber weshalb eigentlich?

Der VfB Stuttgart war genau wie Hannover 96 sicherlich mit größeren Ambitionen in die Saison gestartet. Auch Werder wollte sich eigentlich konsolidieren und nicht wieder in die untere Zone abdriften. Alle drei Teams zählen durchaus zu den Etablierten. Beim SC Freiburg, der zu den Low-Budget-Teams zählt, waren die Ambitionen sicherlich nicht so hoch angesiedelt, wenn man auch in der Saison 2012/13 einen beachtlichen 5. Platz belegt hatte. Trotzdem war dort aufgrund der wirtschaftlichen Leistungsfähigkeit zu erwarten, dass man sich über die Saison hinweg weiter unten in der Tabelle aufhalten würde.

Also konnte sich auch nur der SC Freiburg mit gutem Grund über den Nichtabstieg freuen. Weshalb die anderen drei Klubs ihren Nichtabstieg auch feierten, lässt sich nicht nachvollziehen.

Nehmen wir einmal die Ausgangslage von Hannover 96: Vor der Saison wurde, und zwar nicht hinter vorgehaltener Hand, sondern ganz offiziell von höchster Vereinsspitze, eine Platzierung zwischen Platz 4 und 6 ausgegeben. Zum Saisonende lag 96 mit 42 Punkten auf Platz 10. Gefeiert wurde aber der "Nichtabstieg". Schon kurios, aber sicherlich gibt es hierfür eine ganz banale Erklärung. Wenn man schon keinen Platz in Europa feiern kann, geschweige denn wahrscheinlich jemals wieder eine Meisterschaft, so erklärt man den sogenannten Abstiegskampf einfach zum "Wettbewerb" und kann sich daran erlaben, weil man zum Ende der Saison dann mal wieder den Fans einen Adrenalinstoß versetzt, indem man sich im scheinbar "freien Fall" in die Nähe der Gefahrenzone fallen lässt, um sich dann "glorreich" wieder aus dieser Zone zu entfernen.

Und so haben dann alle etwas davon. Die Fans wurden befriedigt, weil sie eben den "Nichtabstieg" feiern durften und damit auch von dem eigentlichen Vorhaben Platz 4 bis 6 abgelenkt wurden. Der Trainer, der in der Winterpause kam, weil er sich als Retter vor dem Abstieg feiern lassen kann, obwohl er statt der 35 Punkte, die die Roten nach Europa gebracht hätten, nur ganze 24 Punkte zusammenbekommen hat. Die Vereinsführung und der Sportdirektor sind aus dem Schneider, weil sie gezeigt haben, dass sie gar nicht so viel falsch gemacht haben können, denn schließlich ist man ja nicht abgestiegen, sondern darf ja den Nichtabstieg feiern.

Und so wird der sogenannte Abstiegskampf für die Klubs, die es nicht in die neutrale Zone schaffen oder schaffen wollen, zu einer internen Meisterschaft.

Die Frage, die sich dabei allerdings stellt, ist: Wer ist der wahre "Nichtabstiegsmeister"? Ist das ein Team, das in der Saison mindestens einmal auf einem direkten Abstiegsplatz gestanden hat und am Ende mindestens 3 Punkte Abstand zur Relegation erreicht? Oder ist es gar der Klub mit den stärksten Nerven? Derjenige, der sich permanent auf einem direkten Abstiegsplatz aufhält, um sich dann vier Runden vor Schluss auf den Relegationsplatz zu hieven und dort, ohne weitere Punkte zu holen, bis zum Ende durchhält?

Das würde jedenfalls Sinn machen, weil neben enormen Zockerqualitäten auch ein Höchstmaß an Strategie und Taktik erforderlich ist, wie sie eigentlich nur ein Mathematiker leisten kann. Und so kommt es noch zu einem richtigen "Nichtabstiegsfinale" mit der realen Chance, doch noch abzusteigen. Aber da man dort ja nicht unbedingt gewinnen muss, ist der "Nichtabstieg" etwas, was man wie eine echte Meisterschaft feiern darf.

Es bleibt zu erwarten oder auch zu befürchten, dass aufgrund der Konstellation im oberen Tabellenabschnitt, mit den fest vergebenen Plätzen 1 bis 7, sich nun auch die anderen Vereine, die landläufig in der Zone ab Platz 8 spielen, besinnen und einfach auch an der Meisterrunde um den "Nichtabstieg" teilnehmen wollen.

Dass eine Relegation durchaus ein eigenes Spannungspotenzial haben kann, haben die 2. Liga-Relegationsspiele zwischen Bielefeld und Darmstadt gezeigt. Und wenn das auch in der Bundesliga zum Qualitätsstandard wird, dann hat eine "Nichtabstiegs- oder Relegationsmeisterschaft" eine Wettbewerbsberechtigung.

Nun wird sicherlich keiner der potenziellen Protagonisten zu Beginn einer neuen Saison offiziell verlauten lassen, dass er an der "Relegationsmeisterschaft" teilnehmen möchte. Aber anhand der Vorkommnisse aus der vergangenen Saison kann man schon erkennen, wer hier dabei sein möchte. Wichtigste Schlüsselaussagen sind hier: "Wir wollen dieses Mal nichts mit dem Abstieg zu tun haben" oder "Wir möchten wieder in Europa spielen". Mit einem solchen Understatement möchte man sich nicht als Favorit für die "Relegationsmeisterschaft" zu erkennen geben.

Damit kann nun auch final festgestellt werden, dass die Bundesliga lebt! Und auch die These, Fußball sei ein Spiel, das reif für grundlegenden Wandel ist, wird damit bereits eindeutig untermauert.

Und eine ganz neue Variante von Wettbewerb ist geboren:

Die antizyklischen Meisterschaften

Leider gibt es aber dafür noch keine europäischen Wettbewerbe. Aber bei der Findigkeit der UEFA-Funktionäre werden diese nicht mehr lange auf sich warten lassen: UEFA-Relegations-Cup.

Mit einer solchen Aussicht erwarten uns sicherlich spannende und unterhaltsame Spielzeiten.

Jeder Verein hat seine eigene Genese

Die Genese (griechisch γένεσις genesis, "Geburt", "Ursprung", "Entstehung") eines Bundesligavereins ist mitbestimmend für wirtschaftlichen und damit auch für sportlichen Erfolg.

Allerdings gibt es weder hierzu feststehende Kriterien noch Paradigmen, die die Genese als Ursache oder Wirkung bestimmen können. Der ehemalige Sportdirektor und heutige Vorstandsvorsitzende von Eintracht Frankfurt, Heribert Bruchhagen, war gleichzeitig auch Vereinsvorsitzender in Personalunion. So könnte man annehmen, dass mit nur einem Mann an der sportlichen Spitze auch keine Reibungsverluste entstehen würden. Außerdem muss nur ein Gehalt bezahlt werden. So könnte man also weiter annehmen, dass die Genese der Eintracht aus Frankfurt ein Erfolgsmodell sein müsste. Aber Bruchhagen selbst stellt zu seinem Modell fest: *"Daraus eine Grammatik für andere Bundesligaklubs zu machen, würde das völlig überhöhen. Denn jeder Verein hat seine eigene Genese."*[8]

Die Klubs der 1. und 2. Bundesliga selbst sind durch die Lizenzierung durch den Ligaverband (DFL) so etwas wie Franchisenehmer. Allerdings wird in der klassischen Struktur beim Franchising durch den Franchisegeber einem Franchisenehmer die Nutzung eines Geschäftskonzeptes gegen Entgelt zur Verfügung gestellt und damit werden auch Organisationsform und Geschäftsaufbau vorgegeben. Außerdem sind die zu zahlenden Entgelte oft umsatzabhängig.

Durch eine einheitliche Organisationsstruktur bei den Franchisenehmern ergeben sich durchaus einige Vorteile:

- ◆ Der Franchisegeber stellt ein erprobtes Geschäftskonzept und dazu ein komplettes Leistungspaket zur Verfügung.
- ◆ Die Kreditwürdigkeit ist bei manchen Banken höher, wenn das unternehmerische Risiko reduziert erscheint.
- ◆ Der Franchisenehmer erhält effiziente Arbeitsabläufe, die sich in der Praxis bewährt haben. Durch die Kontrolle des Franchisegebers werden Missstände erkannt und verändert.

---

8 "Der Sportdirektor – das undefinierbare Wesen". Frankfurter Allgemeine Zeitung vom 17.09.2010.

In der Bundesliga erhalten die Vereine zwar vom Ligaverband ebenfalls eine Lizenz zur Teilnahme am Spielbetrieb. Zum Anforderungskatalog gehören sportliche, finanzielle, rechtliche, infrastrukturelle, personelle, administrative, medientechnische und sicherheitstechnische Kriterien. Größte Bedeutung hat dabei das finanzielle Kriterium der Liquidität; dadurch soll sichergestellt sein, dass alle Klubs der jeweiligen Liga über eine bis zum Saisonende ausreichende Liquidität verfügen, um den Spielbetrieb aufrechterhalten zu können.

Darüber hinaus bleiben die Klubs aber vollkommen autonom in ihren Organisationsstrukturen. D.h. in welcher Organisationsform sie also die Anforderungskriterien erfüllen, bleibt dem jeweiligen Bundesligaverein überlassen.

Diese Klubgenese ist somit auch neben dem sportlichen Wettstreit der Wettbewerb, in dem die einzelnen Vereine sich gegeneinander für den Erfolg aufstellen können. Allerdings haben das, bis auf ganz wenige Ausnahmen, die meisten Vereine bisher überhaupt nicht erkannt. Es bleibt ihnen bisher verborgen, welche strategischen Zukunftsmöglichkeiten sich durch eine wettbewerbsfähige Genese ergeben könnten.

Das aktuellste Beispiel hierfür ist der HSV. Die Genese des HSV, wie sie sich bis zum 30. Juni 2014 darstellte, war folgende:

Der Hamburger SV war einer der wenigen Vereine in den deutschen Profiligen, der seine Lizenzspielerabteilung noch im eingetragenen Verein (e.V.) organisiert hatte. Das oberste Organ des Vereins war die Mitgliederversammlung. Sie wählte acht von elf Mitgliedern des Aufsichtsrates. Zudem war jeweils ein Mitglied von den Fördernden Mitgliedern, den Amateurabteilungen und von der Gemeinschaft der Senioren entsandt.

Nicht zuletzt durch diese antiquierte Hierarchie zur Führung eines Wirtschaftsunternehmens ist der HSV auf wirtschaftliche und sportliche Talfahrt gegangen. In einer Mitgliederversammlung am 25. Mai 2014 wurde beschlossen, die Profifußballabteilung in eine eigene Kapitalgesellschaft auszugliedern. Ein Vorhaben, das insbesondere Investoren wie Klaus-Michael Kühne dienen und somit liquide Mittel in den Klub bringen soll.

Es wird sich zeigen, ob eine neue Ausrichtung eines Vereins die Ursachen eines Defektes beheben kann.

Wie bereits festgestellt, befasst sich die überwiegende Mehrheit aller Bundesligavereine überhaupt nicht mit ihrer eigenen Genese, so dass damit auch die organisatorischen, personellen und strategischen Strukturen, egal ob der Klub erfolgreich ist oder nicht, festgeschrieben bleiben. So kommt es, dass Wandel, Ideen, Visionen und Zukunftskonzepte weitestgehend außen vor bleiben müssen, soweit sie die Genese eines Vereins nachhaltig verändern würden. Im Gegensatz zur Medizin, wo die Diagnostik mit der Genese die Entstehung einer Krankheit bezeichnet, kann man in den meisten Bundesligaklubs die Genese durchaus als die Ursache von "Übel" bezeichnen, der man stets mit der Therapie "weiter so" begegnet.

Nun gehören zu einer Genese der Vereinsstruktur nicht nur die gesellschaftsrechtliche Form, die kapitalmäßige Ausstattung, die immobilen Ressourcen, sondern insbesondere auch die personellen Ressourcen, aber wesentlich auch die immateriellen Ressourcen: Strategien, Visionen, Ideen und Zukunftsfähigkeit – wobei man hier die operativ-sportlichen personellen Ressourcen ausklammern sollte, da diese überwiegend temporär sind und sowieso in regelmäßigen Abständen ausgetauscht und ersetzt werden. Insoweit ist der operativ-sportliche Teil eines Klubs auch nicht unbedingt stationärer Bestandteil einer Vereinsgenese.

Vielmehr sind dieses die statischen, administrativen Personalressourcen. Also die, die Handeln und Wandeln, Strategien und Visionen, Erfolg und Zukunft bestimmen müssen und somit im medizinischen Sinne die lebenswichtigen Funktionen darstellen.

Nun gibt es Vereine, deren Genese sowohl in der Substanz als auch bei den personellen und immateriellen Ressourcen "gesund" ist. In den letzten Jahren und insbesondere in der letzten Saison 2013/14 hat sich bei immer mehr Vereinen als Ursache eines Schwächezustandes aber die Diagnose: "Erkrankung unbekannter Genese" herausgestellt.

Auch Hannover 96 ist zu Beginn der Saison 2013/14 als gesunder Patient mit Ambitionen angetreten und hat diese letztlich als Patient mit "unbekannter Genese" beendet.

Lebt die Bundesliga dennoch?

Funktionseinheit Sportdirektor

Die "Frankfurter Allgemeine Zeitung" (FAZ) titelte 2010 im Sportteil: *"Der Sportdirektor – das undefinierbare Wesen"*.[9]
Dabei wurde diese Funktion im deutschen Profifußball als diffus und vage bezeichnet, weil es weder Qualifikationskriterien noch Zulassungsbestimmungen gebe. So steigen u.a. oft auch frühere Spieler, sogenannte "Stollenträger", in die Position auf – ohne betriebswirtschaftlichen Hintergrund. Allerdings trifft dieses auch auf viele andere "Nichtstollenträger" zu. Die FAZ ermittelte, dass 2010 gerade drei "Sportchefs" einen Abschluss in Betriebswirtschaft vorweisen konnten, obwohl sich der Umfang ihrer Aufgaben enorm gesteigert hat.

Und so kommt es, dass eben einige dieser Sportdirektoren ohne rudimentäre betriebswirtschaftliche Kenntnisse zu hochbezahlten Handlangern werden, und zwar für Personen, die eigene wirtschaftliche Interessen verfolgen.

Kritik an dieser Personalauswahl bei der Besetzung der sportlich wichtigsten Position der Klubs gibt es laut FAZ in der Branche genug, aber meist wird diese nur hinter vorgehaltener Hand geäußert.

Wie die FAZ seinerzeit weiter feststellte, gehen einige Sportdirektoren den Weg der Unkenntnis, was besonders bei Spielertransfers mitunter zu einem recht gewagten Spagat zwischen den Klubinteressen und einer gefährlichen Nähe zu Spieler-/Trainerberatern führt. Sportdirektoren mangelt es oft an Erfahrung im normalen Arbeitsleben, weshalb es ihnen auch an Kompetenzen zur Arbeitseinteilung, wie sie an einen qualifizierten Manager gestellt werden, fehlt.

Ein weiterer Kritikpunkt ist, dass vielen aktuellen Sportdirektoren strategische Komponenten der Unternehmensentwicklung fremd sind, weshalb sie kaum in der Lage sind, eine langfristige Konzeption entwickeln zu können, um den jeweiligen Klub etwa als Nummer zwei hinter den Bayern zu etablieren. Bei vielen der Protagonisten reicht der Blick kaum über die Saison hinaus.

Und soweit ein Sportdirektor dann auch noch kein ehemaliger "Stollenträger" ist, so mangelt es diesen in der Regel auch noch an sportspezifischen Kenntnissen, die über die fachliche Beurteilung von Profis hinausreichen. Die Gefahr, die diesen mangelnden Qualifikationen innewohnt, besteht darin, dass diese Sportdirektoren zwangsläufig versuchen müssen, ihre Mängel

---

[9] Frankfurter Allgemeine Zeitung vom 17.09.2010.

zu kompensieren. Dabei ist, wie die FAZ feststellte, der Weg von Unkenntnis zur "Untreue" mitunter nicht groß. Gerade die erwähnte besondere Nähe zu Spieler-/Trainerberatern kann zu Kapitalvernichtung ohne Wertschöpfung führen.

So sind alle Entscheidungen über Spielertransfers und Trainerwechsel immer auch verbunden mit direkten "Zuwendungen" an die jeweiligen Berater, da Vertragsbeziehungen zwischen Spielervermittlern und Verein bestehen. D. h., dass die Honorare an den Berater direkt durch den Verein bezahlt werden. Das sind nach "The Wall Street Journal" zwischen 5 und 15 Prozent eines Jahresbruttogehaltes.[10]

Die durch den Sportdirektor mit verantworteten Entscheidungen lesen sich am Beispiel Hannover 96 für die Saison 2013/14 wie folgt: Ein Trainer wegen Erfolglosigkeit entlassen. Vertragslaufzeit bis 30.06.2016. Es wurde eine Abfindungszahlung in 7-stelliger Höhe fällig. Ein neuer Trainer wurde eingestellt, der Vertrag läuft bis zum 30.06.2016. Was passiert nun aber, wenn das auch schief geht? Erneute Entlassung → Abfindung → neuer Trainer. Und immer kassiert der Berater mit!

Nach unserer Auffassung kann man hier nicht von Risikodiversifizierung sprechen. Hier geht der "Sportdirektor" in Ermangelung der entsprechenden Qualifikation offensichtlich sehenden Auges ein vollkommen unkontrollierbares Risiko ein. Es handelt sich um Kapitalvernichtung ohne Wertschöpfung, und das dann auch als direktes Kompensationsgeschäft.

In Hannover wurde ein Trainer, der bei einem Sportberater unter Vertrag ist, gegen einen anderen, der bei dem gleichen Sportberater unter Vertrag ist, ausgetauscht. Wie sich eine solche Rotation mit einem ganz neuen Geschäftsmodell als Win-win-Situation gestalten ließe, werden wir im Kapitel "Ein Kooperationsmodell" noch ausführlich behandeln.

Entscheidend ist bei der durch den Sportdirektor von Hannover 96 gewählten Variante aber die Tatsache, dass hier richtig Kapital "verbrannt" wurde:

> ⇨ Abfindung für den beendeten Vertrag
> ⇨ Zahlungen in sicherlich nicht unerheblicher Höhe an den Sportberater
> > ► für die Auflösung des Vertrages des einen Mandanten
> > ► Honorar für die Vermittlung und Laufzeit des Vertrages des anderen Mandanten

---

[10] "Spielerberater: Vertreibung aus der lukrativen Grauzone". The Wall Street Journal vom 08.11.2013.

⇨ Rückstellungen für Abfindung bei vorzeitiger Vertragsauflösung des neuen Trainers

⇨ Nicht beziffert sind die Kosten für das alte und für ein neues Trainerteam

All das, obschon der Hannoveraner Sportdirektor einen Juraabschluss hat und berufliche Erfahrungen als Sportanwalt gesammelt hat. Betriebswirtschaftliche Kenntnisse sind allerdings nicht überliefert, und ebenso war er auch niemals "Stollenträger", er verfügt also über keinerlei fußballspezifische Praxiserfahrung. Genau diese Mängel führen dann zwangsläufig aber zu der bereits erwähnten Nähe zu den "Beratern".

Neben dieser doch recht zweifelhaften Nähe zu einem Berater, der darüber hinaus auch noch etliche Spieler von Hannover 96 unter Vertrag hat, hat sich aber auch das weitere Wirken des Sportdirektors bei Hannover 96 im ersten Jahr seiner Tätigkeit als reine Kapitalvernichtung erwiesen.

Die "Neue Presse" Hannover titelte u.a. am 2. April 2014: *"Zu viele Millionen für die Bank"*.

Der aktuelle Sportdirektor hatte dabei mit 10 Mio. Euro den bis dahin größten Spielertransfer-Etat der Vereinsgeschichte zu verantworten. Es zeigte sich dann recht schnell in der Saison, dass Millionen in den Sand gesetzt wurden: Statt die Qualität zu steigern, hat man sich offensichtlich an der Transferbörse verzockt. Und das sicherlich auch zu Gunsten der jeweiligen Berater.

Keiner der in der Saison 2013/14 verpflichteten Spieler hat sich bisher einen Stammplatz erarbeiten können:

Leonardo Bittencourt, für 2,8 Mio. Euro[11] geholt, wird überwiegend von der Bank eingewechselt. Er wird als "ewiges Talent" gehandelt, bringt aber Hannover 96 bisher nicht wirklich weiter (Notendurchschnitt 2013/14 lt. Kicker.de – 3,6). Marcello, für 2,75 Mio. Euro[11] eingekauft, blieb in seinen 27 Einsätzen in der Saison 2013/14 seine Bundesligatauglichkeit (Note 4,27 lt. Kicker.de) im Wesentlichen schuldig. Auch dieser Transfer brachte Hannover 96 bisher keine zusätzlichen Impulse. Edgar Prib, für 2,5 Mio. Euro[7] nach Hannover geholt, brachte es in der Saison 2013/14 auf 26 Einsätze, wobei auch er fast nie in der Anfangsformation stand. Und so fehlt auch der Nachweis für die Qualität als Stammspieler (Note bei Kicker.de – 3,98). Und Salif Sané, für 2,0 Mio. Euro[11] vom AS Nancy geholt, hat in der Saison 2013/14 überwiegend als Einwechselspieler 21 Spiele absolviert (nicht mehr in der Spielernotenwertung bei Kicker.de). Er wurde wegen Disziplinlosigkeit in die

---

[11] Transfermarkt.de

U23 von Hannover 96 verbannt. Es lässt sich also klar sagen: Keine erfolgreiche Transferbilanz in der Saison 2013/14.

Die fatalen Auswirkungen solcher funktions- und qualifikationsbedingter Fehlentscheidungen können aber leicht dazu führen, dass die wirtschaftliche und sportliche Existenz eines Klubs im hohen Maße gefährdet werden kann. Der Sportrechtler Christoph Schickhardt hat das in der "Welt" vom 19.06.2013 so ausgedrückt: *"Viele Vereine stecken in Schwierigkeiten. [...] weil oft handwerkliche Fehler im Management gemacht werden."*[12]

Das Kernproblem, das hier eigentlich dahinter steht, ist, dass es den Vereinsvorsitzenden, Präsidenten, Geschäftsführern – oder wie immer die Bezeichnungen auch sein mögen – der meisten Vereine ebenfalls an der nötigen Qualifikation fehlt, die Entscheidungen der Funktionseinheit Sportdirektor qualifiziert beurteilen zu können.

Zwar sind diese Personen in der Regel Unternehmer, Rechtsanwälte oder in gehobenen Funktionen tätig, verrichten aber ihre Tätigkeit im Verein weitestgehend "ehrenamtlich". Das geschieht dabei meistens aus einer persönlichen Leidenschaft für den Fußball heraus und ist auch mit sehr viel persönlichen und auch meistens mit kapitalmäßigem Engagement verbunden. Aber die Führung der eigentlichen Geschäfte eines Profiklubs überlässt man in Ermangelung eigener Kenntnisse und Ressourcen den sogenannten Managern, Sportdirektoren, Sportchefs oder Geschäftsführern Sport. Und hier sind, genau wie diese unterschiedlichen Funktionsbezeichnungen, auch die Anforderungsprofile vollkommen unklar.

Ebenfalls in der "Welt" hat sich Oliver Bierhoff zum Thema Qualifikation von Sportmanagern geäußert: *"Wir bieten eine hervorragende Trainerausbildung und verlangen die entsprechende Lizenz, bevor jemand ein Team leiten darf. Aber für die Management-Ausbildung haben wir nichts anzubieten."*[12]

In Deutschland gibt es keine andere Branche, in der man ohne entsprechende Ausbildung oder berufliche Erfahrung sofort in den engsten Führungskreis eines mittelständischen Unternehmens mit zweistelligem Millionenumsatz katapultiert würde. Das geht nur im Fußball.

Die FAZ stellt dazu fest: *"Dürftige Qualifikation über den Fußballsachverstand hinaus gehört in der Liga zum Sportdirektorensystem – ob nun HSV, Schalke 04 oder VfB Stuttgart."*[13]

Wir können noch hinzufügen: Bei Hannover 96 geht es sogar ohne Fußballsachverstand.

---

[12] "Star-Anwalt fordert Lizenz für Fußballmanager". Die Welt vom 19.06.2013.

[13] "Der Sportdirektor – das undefinierbare Wesen". Frankfurter Allgemeine Zeitung vom 17.09.2010.

Und so sieht eben bei den meisten Klubs die eigene Genese so aus, dass eine "ehrenamtliche" Vereinsführung sich eine Funktionseinheit "Sportdirektor" leistet, die wiederum aber selbst nicht über ausreichend qualifizierte Funktionen über das Stadium "ehrenamtlich" hinaus verfügt.

Generation "Direktor"

Ein durchschnittlicher Profifußballklub ist durchaus vergleichbar mit einem mittelständischen Unternehmen. Umsatzgröße im mittleren zweistelligen Mio.-Euro-Bereich. Personalstärke 120 Mitarbeiter. Jedes mittelständische Unternehmen braucht für die Führungsaufgaben qualifizierte Führungskräfte. Es ist aber ein langer Prozess, um eine entsprechende Qualifikation als Führungskraft zu erreichen und diese Fähigkeiten dann auch für ein Unternehmen erfolgsorientiert einsetzen zu können. Und so kommt es auch nicht von ungefähr, dass selbst Familienunternehmen erst nach einem längeren Qualifizierungsprozess Familienangehörige in Führungsaufgaben in ihr Unternehmen holen. Beispiele hierzu sind u.a. Dirk Rossmann GmbH, KIND Hörgeräte GmbH & Co. KG. oder Sennheiser electronic GmbH & Co. KG.

- ◆ Warum handeln die meisten Profivereine anders als mittelständische Unternehmen?
- ◆ Warum wird in der Regel die Qualifikation für Führungsaufgaben auf ein paar sportliche Details beschränkt?
- ◆ Warum gelten nicht die gleichen Regeln, wie bei erfolgreichen mittelständischen Wirtschaftsunternehmen?

Nach der Organisationstheorie von Warren Bennis unterscheidet man Manager und Führungskräfte:[14]

Manager	Führender
verwaltet	erneuert
ist eine Kopie	ist ein Original
erhält	entwickelt
konzentriert sich auf Systeme und Strukturen	konzentriert sich auf Menschen
verlässt sich auf Kontrolle	erweckt Vertrauen
denkt kurzfristig	denkt langfristig
fragt "Wie?" und "Wann?"	fragt "Was?" und "Warum?"
hält sein Auge auf der Bilanz	behält den Horizont im Auge
akzeptiert den Status quo	fordert den Status quo heraus
ist der klassische gute Soldat	ist ganz er selbst
macht die Dinge richtig	macht die richtigen Dinge

---

[14] wikipedia.de

Wenn man der Theorie von Warren Bennis folgt, dann kommt es nicht von ungefähr, dass man im Profifußball landläufig die "Führungskräfte" eben als Manager bezeichnet.

In der Bundesliga hat sich in den letzten Jahren eine sogenannte Generation "Sportdirektor" etabliert, die nach hiesiger Auffassung für alles Mögliche steht, nur nicht für die Begriffe "Führender" und "Erfolg".
Was bei der Generation "Direktor" unter dem Strich herausgekommen ist, lässt sich an der Bundesliga-Tabelle 2013/14 ablesen – die Zahlen sprechen eigentlich für sich. Und damit noch nicht genug an Fakten. So hat Sport-Bild am 14.05.2014 eine Rangliste der Bundesliga-Manager veröffentlicht mit dem Ergebnis:

14. Eichin (Werder Bremen)
15. Dufner (Hannover 96) – Kommentar der Sport-Bild vom 14.05.2014 hierzu: *"Dirk Dufner übernahm von Vorgänger Jörg Schmadtke ein bestelltes Feld. Dann ging es bergab!"*
16. Bobic (VfB Stuttgart)
17. Kreuzer (HSV)

Hierzu noch einige Fakten zu diesen Protagonisten, die die Erfolge der Sportdirektoren in der Saison 2013/14 explizit reflektieren:

⚒ Oliver Kreuzer

Bis Mitte Juli 2014 Sportchef und Vorstandsmitglied beim HSV (inzwischen dort entlassen).

Stationen:
Teammanager FC Basel – Vertrag wurde 2005 nicht verlängert
2006 Sportdirektor FC Red Bull Salzburg – von Aufgabe 2007 entbunden
2008 – 2011 Sportdirektor SK Sturm Graz
2011 – Dreijahresvertrag sportlicher Leiter Karlsruher SC – Vertrag wegen Wechsel zum HSV aufgelöst
ab 11. Juni 2013 Sportchef beim HSV

Qualifikation:

♦ ehemaliger "Stollenträger"
♦ keine betriebswirtschaftliche Ausbildung

Der äußerst erfolgreiche Unternehmer Klaus Michael Kühne bezeichnete Kreuzer in einem Interview mit dem "Hamburg Abendblatt" am 23.08.2013 als Dritt-Liga-Manager, der der Aufgabe beim HSV nicht gewachsen sei.
Wegen anhaltender sportlicher und wirtschaftlicher Erfolglosigkeit wurde Kreuzer dann im Juli 2014 entlassen.

⚒ Thomas Eichin
Geschäftsführer Sport Werder Bremen

Stationen:
1999 – 2001 Marketingleiter Eishockey-Klub Kölner Haie
2001 – 2012 Geschäftsführer Eishockey-Klub Kölner Haie
ab 27. Dezember 2012 Geschäftsführer Sport Werder Bremen

Qualifikation:

- ehemaliger "Stollenträger"
- Fernlehrlang – Sportmanagement-Weiterbildung beim privaten Bildungsträger IST-Studieninstitut[15]
- Kein betriebswirtschaftlicher Abschluss

Erfolge bei Werder Bremen:
Seit seinem Amtsantritt bei Werder Bremen schloss der Verein mit folgenden Verlusten ab: 2011/12 = 13,9 Mio. Euro, 2012/13 = 7,9 Mio. Euro, 2013/14 = 9,8 Mio. Euro[16]
In der Süddeutschen Zeitung sagte der frühere Bremer und Fußball-Nationalspieler Mario Basler über Eichin: "Vielleicht muss man auch mal den Sportdirektor hinterfragen. Thomas Eichin war jahrelang im Eishockey tätig. Wenn man dann auf einmal Sportdirektor im Fußball wird, ist das schon ein himmelweiter Unterschied."

---

[15] "Die IST-Hochschule für Management ist eine private staatlich anerkannte Hochschule mit Hauptsitz in Düsseldorf, die branchenspezifische Fernstudiengänge in den Bereichen Sport, Fitness, Gesundheit, Tourismus und Hospitality anbietet. Die angebotenen Bachelor-Studiengänge sollen die Studenten auf Führungspositionen im mittleren und gehobenen Management vorbereiten." (wikipedia.de)
[16] statista.de

↳ **Fredi Bobic**
bis Ende September 2014 Vorstand Sport VfB Stuttgart

Stationen:
2009 – 2010 Geschäftsführer Sport und Marketing Tschernomorez Burgas/Bulgarien
2010 – Sportdirektor VfB Stuttgart
10. April 2013 bis 24. September 2014 Vorstand Sport beim VfB Stuttgart

Qualifikation:

 ♦ ehemaliger "Stollenträger"
 ♦ Fernlehrgang – Sportmanagement-Weiterbildung beim privaten Bildungsträger IST-Studieninstitut
 ♦ Kein qualifizierter betriebswirtschaftlicher Abschluss

Erfolge beim VfB Stuttgart:
Die Bilanz seiner Amtszeit liest sich wie folgt:

Tabellenplätze
2010/11 - Platz 12 42 Punkte
2011/12 - Platz 6 53 Punkte
2012/13 - Platz 12 43 Punkte
2013/14 - Platz 15 32 Punkte

Trainer während seiner Amtszeit[17]:
12/2009 – 10/2010 - Christian Gross
10/2010 – 12/2010 - Jens Keller
12/2010 – 08/2013 - Bruno Labbadia
08/2013 – 03/2014 - Thomas Schneider
03/2014 – 06/2014 - Huub Stevens
06/2014 – 08/2014 - Bruno Labbadia
Und auch das noch: Transferbilanz 2013/14 = minus 9,2 Mio. Euro[17].

---

[17] Transfermarkt.de

♗ Dirk Dufner

Sportliche Leitung (Sportdirektor) Hannover 96

Stationen:
1997 - 2000 Assistent Geschäftsleitung VfB Stuttgart
2000 - 2004 Sportdirektor TSV 1860 München
2007 - 2013 Sportdirektor FC Freiburg – Vertrag bis 2014, wurde am 22. April 2013 einvernehmlich aufgelöst
ab 23. April 2013 Sportdirektor Hannover 96

Qualifikation:

♦ Jurastudium – kein qualifizierter betriebswirtschaftlicher Abschluss[18]

Erfolg bei Hannover 96:
Negativer Kapitaleinsatz, da mit dem Transferetat 2013/14 in Höhe von 10 Mio. Euro bisher keine nachhaltige Wertschöpfung generiert werden konnte. Allgemein wird Wertschöpfung als die Wertgröße beschrieben, um die der Output den Input übersteigt. Das wäre also eine durch einen Transformationsprozess entstehende Größe, also ein positives Ergebnis (gleich Gewinn). Die Wertschöpfung bei einem Kapitaleinsatz von 10 Mio. Euro wäre hier also ein maximaler sportlicher Erfolg, der weitere monetäre und wertschöpfende Transferprozesse generiert, wie Steigerung des Markenwertes des Sportunternehmens, höheres Vermarktungspotenzial etc. Wenn nun der Input wertmäßig dauerhaft den Output übersteigt, also eine negative Wertschöpfung (Blindleistung) entstanden ist, ist diese für den Betrieb stark substanzgefährdend. Deshalb kann man hier auch von Kapitalvernichtung sprechen.

So sieht ein Teil der Generation "Direktor" aus, die heute Profisportunternehmen erfolgreich führen und leiten soll. Ist das die Zukunft des deutschen Profifußballs?
Man kann hier durchaus konstatieren und dieses auch an den sogenannten "Erfolgen" festmachen, dass dieser Teil der Generation "Direktor", wenn überhaupt, nicht über das in Warren Bennis Organisationstheorie beschriebene Stadium "Manager" hinaus kommt. Jedes Wirtschaftsunternehmen wäre mit solchem Personal massiv in seiner Existenz bedroht und dem Marktaustritt nahe. Gelten im Profifußball etwa andere Regeln? Wir glauben nicht.

---

[18] wikipedia.de – Stichwort: Dirk Dufner

Jeder erfolgreiche Profifußballklub braucht "Führende" und somit qualifizierte Führungskräfte.

Borussia Dortmund ist ein Beispiel für einen sowohl wirtschaftlich als auch
sportlich gut geführten Klub. Mit Hans-Joachim Watzke hat man dort einen
Diplom-Kaufmann als Vorsitzenden der Geschäftsführung, dem es gelungen
ist, den Verein vor der Insolvenz zu retten, Altlasten zu reduzieren und
dadurch gleichzeitig den sportlichen Erfolg voran zu bringen. Ein Unterfangen, das bisher noch keinem aus der Generation "Direktor" auch nur annä-
hernd gelungen ist. Und hier zeigt sich auch, wie elementar wichtig qualifizierte Führungskräfte für den wirtschaftlichen Erfolg eines Profiklubs sind.
Denn nur der wirtschaftliche Erfolg kann zu sportlichem Erfolg führen. Und
deshalb haben einige Klubs wie z.B. Dortmund, Mainz, Bayer Leverkusen
oder der VfL Wolfsburg einen oder mehrere Wirtschaftsfachleute im Team,
um so eine Aufgabenteilung in wirtschaftliche und sportliche Führung vorzu-
nehmen.

Die Generation "Direktor" verfolgt aber vielmehr den Ansatz, zunächst sportlichen Erfolg zu generieren, um dann auch wirtschaftlich erfolgreich zu sein.
Solche Ansätze werden nicht durch Führungskräfte verfolgt, sondern allent-
halben durch "Stollenträger" und Sportjuristen. Und so schloss die FAZ ihren
Artikel "Sportdirektor – das undefinierbare Wesen" vom 17.09.2010 mit
dem Satz: Jeder Verein hat den Sportdirektor, den er verdient.

Wie man auch als ehemaliger "Stollenträger" einen erfolgreichen Job im
Fußballmanagement machen kann, zeigt folgendes Beispiel: Auf Platz 1 im
Ranking von Sport-Bild steht als Bundesliga-Manager des Jahres Stefan Reuter vom FC Augsburg. Und bei diesem Beispiel zeigt sich, dass sich Stefan
Reuter neben seiner großen Fußballkompetenz mit 555 Einsätzen in der
Bundesliga und dazu 69 Einsätzen im Nationaltrikot nach seiner Fußballer-
karriere sehr intensiv auf seine Zukunft als Sportführungskraft vorbereitet
hat – u.a. auch als Assistent der Unternehmensführung von Borussia Dortmund. Eine ähnliche vorbereitende Ausbildung und Karriereplanung hat
kaum einer der ehemaligen "Stollenträger" nachzuweisen. Es ist also zu erkennen, dass seine Karriereplanung analog zur Wirtschaft erfolgte und sich
dadurch auch weiterführend im Job der Erfolg – hier beim FC Augsburg –
einstellen kann. Nicht der Titel "Direktor" zählt, sondern allein die Kompetenzen auf allen relevanten Feldern des Fußballmanagements.

Auf den 2. Platz im Sport-Bild-Ranking kam Christian Heidel, der seit 1991 (!)
den Job als Manager bei Mainz 05 innehat. Allein dieser Zeitraum spricht für
sich. Bis 2006 war Heidel sogar "nur" ehrenamtlich für den Verein tätig und
führte hauptberuflich ein Autohaus. Er ist gelernter Bankkaufmann. Über

wirtschaftliche Kompetenz braucht man hier mit Sicherheit nicht zu diskutieren, und fußballerisches Profil hat er sich in 15 Jahren erarbeitet. Alles im allem Erfolgsfaktoren, die sich ja auch in der Tabelle ablesen lassen.

Und auch der 3. Platz geht an einen Manager, ebenfalls von einem Low-Budget-Klub: Jochen Saier, der vor seiner Berufung als Sportdirektor lange Zeit sehr erfolgreich eines der besten deutschen Nachwuchsleistungszentren (NLZ), die "Freiburger Fußballschule", geleitet hat. Das NLZ ist die wirtschaftliche Grundlage des SC Freiburg, der sich wesentlich durch diese erfolgreiche Nachwuchsarbeit und den Verkauf von Nachwuchskräften und Transfererlöse finanziert. Saier brachte also bereits eine solide Grundausbildung für die Aufgabe als Sportdirektor mit. Er ist im Übrigen der Nachfolger von Dirk Dufner beim SC Freiburg. Als Leiter der Nachwuchsschule des SC Freiburg hat er auch sportliche Erfolge erzielt: Deutsche A-Jugend-Meisterschaft 2008, Gewinn des DFB-Juniorenvereinspokals in den Jahren 2006, 2009, 2011 und 2012. All diese Köpfe, die im Ranking von Sport-Bild vorne stehen, erfüllen sicherlich am ehesten die Kriterien, wie sie auch in mittelständischen Unternehmen an Qualifikation und Führungsaufgaben gestellt werden, und bestätigen ebenso die in der Organisationstheorie von Warren Bennis aufgestellten Merkmale als "Führende".

Um es einmal ganz banal auszudrücken: Einige Personen der Generation "Direktor" kann man einordnen in die Kategorie, jung, dynamisch, aber auch erfolglos.

Nun ist nach landläufiger Auffassung Fußball kein normales Geschäft. Ökonomen würden wohl auch behaupten, dass es überhaupt kein Geschäft ist, da die meisten Klubs nicht wie profitorientierte, auf Wertschöpfung ausgerichtete Unternehmen geführt werden. Und das ist auch der Unterschied: In der Wirtschaft muss der CEO gehen, wenn es Probleme mit der Firma gibt; im Fußball ist es der Trainer.

Wenn man nun die Positionen der hier genannten Protagonisten der Generation "Direktor" heranzieht, so haben Dufner, Bobic, Eichin und Kreuzer jeweils einen oder mehrere Trainerwechsel vollzogen, ohne jedoch einen nachhaltigen Erfolg damit ausweisen zu können. Die Mannschaften verharren weiterhin auf dem bisherigen Leistungsstand.

Und man kann erkennen, dass Entscheidungen, wie sie in der Wirtschaft bei ausbleibendem Erfolg getätigt worden wären, hier auch sicherlich der weitaus erfolgreichere Weg gewesen wären. Aber Fußball folgt, wie die katholische Kirche, stringent den eigenen Dogmen.

Und so kann ein Teil dieser Generation "Direktor" weiterhin "schalten und walten" – zu wessen Nutzen auch immer. Es bleibt aber die Frage: Bringen diese Aspiranten die Bundesliga insgesamt weiter?

Quo vadis?

Welche Bedeutung eine betriebswirtschaftliche Ausbildung für die Funktion "Direktor" hat, hat das Institut für Unternehmensplanung IUP in der empirischen Analyse "Erfolg von Fußball-Bundesligavereinen" der Autoren Prof. Dr. Torsten Wolf und Prof. Dr. Harald Hungenberg[19] aufgezeigt.

Als Persönlichkeitseigenschaften von Sportmanagern, die einen Einfluss auf sportlichen Erfolg haben, sind aufgabenrelevante Erfahrungen von besonderer Bedeutung. Die Aufgabe des Sportmanagers besteht insbesondere in der gleichzeitigen Sicherung von sportlichem und ökonomischem Erfolg. Daher ist davon auszugehen, dass das Ausmaß betriebswirtschaftlicher Ausbildung, die ein Sportdirektor genossen haben sollte, von existentieller Bedeutung ist. So haben verschiedene empirische Untersuchungen aus dem Unternehmenssektor immer wieder verdeutlicht, dass die Ausbildung, die eine Führungskraft erfahren hat, ihr Denken und Handeln nachhaltig prägt. So zeigt sich auch, dass Führungskräfte mit einem wirtschaftlichen Abschluss, wie z.B. einem MBA, eher strategischen Wandel herbeiführen und erfolgsorientierter handeln können. Und gerade durch die fortschreitende Kommerzialisierung im Profifußball erscheint eben eine besondere Erfolgsorientierung für Sportdirektoren besonders wichtig.

Im sehr vereinfacht wiedergegebenen Ergebnis hat die IUP-Analyse durchaus eine Verbindung zwischen dem Grad der betriebswirtschaftlichen Ausbildung von Sportmanagern und dem Erfolg der Profimannschaft hergestellt. So gibt es hinsichtlich der Untersuchung klare Analogien zwischen Spitzenführungskräften in Unternehmen und in professionell geführten Bundesligaklubs.

Und so stellt sich hier die Frage: Welche Anforderungsprofile erfüllen die Protagonisten der Generation "Direktor" hinsichtlich der signifikanten betriebswirtschaftlichen Merkmale? Braucht es überhaupt einer wissenschaftlichen Untersuchung, um festzustellen, dass ein Teil der Generation "Direktor" diese Kriterien nicht erfüllt. Und so bezeichnet übrigens die Hannoversche Allgemeine Zeitung (HAZ) den Sportdirektor von Hannover 96 Dirk Dufner als "Chefeinkäufer", weil er bisher in seiner gesamten Zeit bei Hannover 96 nur

---

[19] Harald Hungenberg, Günther Seliger: "Erfolg von Fußball-Bundesligavereinen – eine empirische Analyse des Beitrags von Mannschaft, Trainer und Sportmanager. IUP Institut für Unternehmensplanung, Berlin + Nürnberg, -06-01.

eingekauft und nicht nennenswert verkauft habe. Im Saldo bedeutet das eine Transferbilanz von minus 7,5 Mio. Euro. Sollte aber ein "Direktor" nicht
auch ein ausgezeichneter Verkäufer sein?

Trainerwechsel – Erfolg oder Irrtum?

Mirko Slomka wurde nach der 1. Halbserie in der Saison 2013/14 bei Hannover 96 entlassen. Bis dahin hatte er 18 Punkte eingesammelt. Da stellt sich doch zwangsläufig die Frage: Wäre 96 mit Slomka tatsächlich abgestiegen?

Vermutlich nicht, denn Slomka hätte nur noch 10 Punkte holen müssen, um nicht absteigen zu müssen – 28 Punkte hätten 96 gereicht. Nun ist Slomka ja "gelernter" Mathematiklehrer und hätte diese Rechnung sicherlich auch selbst vornehmen können. Zehn Punkte aus 17 Spielen, das wäre selbst für ihn möglich gewesen. Aber offensichtlich hat man den mathematischen Fähigkeiten Slomkas in Hannover nicht mehr getraut. Vorsicht ist die Mutter der Porzellankiste, sagte sich die Führung von Hannover 96, und suchte nach Alternativen.

Und was liegt da näher, als den Berater zu fragen, der genug Trainer in seinem Portfolio hat, u.a. ja auch Slomka selbst. Allerdings schieden Löw und Flick aus, weil sie beim DFB unter Vertrag sind. Also musste man eine zeitnahe Lösung finden. Diese bot sich dann an in der Person von Tayfun Korkut, einem Trainer aus dem Nachwuchsbereich von Hoffenheim und Stuttgart.

Also rundum ein gelungener Deal.

So oder so ähnlich könnte jedenfalls die Story um den Trainerwechsel bei Hannover 96 ausgesehen haben. Aber selbstverständlich hat der Sportdirektor erklärt, dass es absolut keine Rolle spiele, dass beide Trainer den gleichen Berater haben. Den Kontakt habe er ganz persönlich hergestellt!

Nun hat aber Korkut nicht nur die notwendigen 10 Punkte in der 2. Halbserie geholt, sondern sogar 24 Punkte.

Da ist Optimismus angebracht. Denn wenn man einmal davon ausgeht, dass man unter ihm auch in der 1. Halbserie 24 Punkte geholt hätte, dann wäre man in der Abschlusstabelle der Saison 2013/14 sogar mit 48 Punkten 9. geworden.

Ist das dann schon Erfolg?

Nach dem Spiel ist vor dem Spiel, und nach der Saison ist vor der Saison. Also wird der Erfolg des nun ja nicht mehr ganz so neuen Trainers an dem gemessen, was in der Saison 2014/15 erreicht wird.

Es sei aber erlaubt, hierzu noch einige kritische Anmerkungen zu machen. Die Leistungen, die das Team auch in der 2. Halbserie unter Korkut gebracht hat, waren sehr limitiert. So stellt sich die Frage: Hatte der Trainer genug Autorität, um dem Team die optimale Leistung abzufordern, oder hat das Team Leistungen nach eigenem Gutdünken erbracht?

Wenn man einige Spiele der Rückrunde betrachtet, explizit auch das Spiel in Braunschweig, so können doch Zweifel kommen, ob die Autorität des Trainers alle Spieler erreicht hat. Es hatte für uns teilweise den Anschein, als ob das Team bestimmt, wann Leistung gebracht wird und wann nicht.

Wenn man dann auch noch das Verhalten der beiden Spieler Szabolcs Huszti und Salif Sané am Ende der Saison mit einbezieht, die es an Disziplin haben fehlen lassen, so kann man feststellen, dass sich diese Disziplinlosigkeit durchaus gegen die Autorität des Trainers, aber auch des Sportdirektors richtet.

Eigentlich ist der Trainer der Kopf der Organisation: Der Mann, der die Entscheidungen trifft, die das Produkt Fußball beeinflussen.

Von all den Dingen, die eine Mannschaft kurz- und mittelfristig beeinflussen, kommt dem Trainer wahrscheinlich die signifikanteste Rolle zu. Ob Einzelhandel oder Fußball, die Spanne zwischen Erfolg und Misserfolg ist letztlich so klein, dass der Unterschied zwischen einem oder zwei Prozentpunkten wesentlich ist; egal, ob nun ein Punkt in der Tabelle oder 0,05 Prozentpunkte bei einem Umsatz von 10 Mio. Euro. Nun stellen Anderson/Sally in ihrem Buch "Die Wahrheit liegt auf dem Platz" die These auf, dass ein Trainer nur eingeschränkt Einfluss auf die Resultate hat, vielleicht mit 15 Prozent. Zahlen und Daten können zum Glück jedoch auch den Vereinen helfen, sich für den richtigen Trainer zu entscheiden oder den falschen zu entlassen.

Anderson/Sally haben die Leistungen von Mannschaften vor und nach einer Trainerentlassung untersucht und kommen zu dem Ergebnis: Entlassungen machen eine Mannschaft nicht wirklich besser, sondern die Leistungen pendeln sich wieder um den Mittelwert ein. Wenn also ab dem fünften Spieltag vor einer Trainerentlassung die Leistung von 95 Prozent auf 50 Prozent sinkt, so steigt sie mit einem neuen Trainer nach 5 Spieltagen wieder auf 95 Prozent. Das ist das Ergebnis einer niederländischen Studie über Trainerentlassungen zwischen 1986 und 2004.

Dagegen ergab die gleiche Studie mit Daten von Klubs, die ihre Trainer in Krisenzeiten nicht entließen, über den Zeitraum von Leistungsabfall und Erholung das gleiche Bild. Die Leistungen dieser Mannschaften erholten sich auch ohne Trainerwechsel mindestens genauso stark.

Die Entlassung eines Trainers ist also kein Allheilmittel, sondern mehr ein Placebo: eine teure Illusion. Wie teuer diese Illusionen sind, stellen wir im Folgenden anhand von Daten und Fakten dar.

Während der 5 Spielzeiten von 2008/09 bis einschließlich der Hinrunde 2013/14 wurden durch Trainerentlassungen in der Bundesliga rechnerisch rund 62 Mio. Euro Kapital "vernichtet". Diese Summe setzt sich aus der Multiplikation der Restlauftage der Vertragslaufzeiten mit dem ermittelten durchschnittlichen Tagessatz für das Trainergehalt zusammen. Nicht berücksichtigt sind dabei zusätzliche Aufwendungen für die Trainerstäbe.

Kann man sich ein solches Wirtschaften überhaupt leisten? Leider sind es die Dogmen und Glaubensinhalte, die diese Handlungsweisen immer noch in der gesamten Bundesliga bestimmen. Ideen und Visionen haben keinen Platz, obwohl man ganz dringend über andere Strategien nachdenken sollte als Kapitalvernichtung ohne Wertschöpfung. Wir werden hierzu noch ausführlich Strategien und Konzepte vorstellen.

Ob Hannover 96 einen Trainer für die Zukunft und mit Zukunft hat, muss erst die Saison 2014/15 beweisen. Das Fatale ist, dass die Einschätzung über diesen Trainer allein nur über das möglich ist, was er seit seinem Antritt bei Hannover 96 zu Stande gebracht hat. Es gibt keine Vergleichsmöglichkeiten von einer vorherigen Trainertätigkeit im Herrenbereich. Und das unterscheidet ihn eben von anderen "Jungtrainern":

Thomas Brdaric z.B. hat sehr erfolgreich Neustrelitz zur Meisterschaft in der Regionalliga geführt. Sicherlich ist er auch für höhere Aufgaben geeignet und wird bei der U23 des VfL Wolfsburg den nächsten Schritt gehen.

Dirk Schuster hat mit Darmstadt 98 eine sensationelle Leistung in der Relegation zur 2. Liga vollbracht. Ebenfalls ein Trainer, der es nachgewiesenermaßen auch zu höheren Weihen bringen wird.

Roger Schmidt hat in Paderborn und in Salzburg ebenfalls erfolgreich den Nachweis erbracht, dass er ein qualifizierter Trainer ist.

Und André Breitenreiter, der mit dem SC Paderborn und zuvor auch bereits beim TSV Havelse einen mehr als eindeutigen Leistungsnachweis abgelegt hat, hat bewiesen, dass er wohl das größte deutsche Trainertalent ist.

All diese Nachweise fehlen dem derzeitigen Trainer von Hannover 96 bisher noch. Insofern muss er diesen Nachweis dann in der neuen Saison erbringen. Wie weit ihm das möglich sein wird, wird man sehen. Was aber passieren kann, wenn ein "Neutrainer" in die Bundesliga einsteigt, der bisher keinen Nachweis in unteren Ligen im Herrenbereich erbracht hat, das zeigt sich u.a. auch am Beispiel von Thomas Schneider beim VfB Stuttgart. Direkt vom Nachwuchsbereich in die Bundesliga, das konnte nur schiefgehen. Die Bundesliga-Trainerkarriere dauerte vom 13. August 2013 bis 9. März 2014. Dafür wurde er dann aber Nachfolger von Hansi Flick in Jogi Löws DFB-Team. Übrigens hat Thomas Schneider den 57. Trainerlehrgang an der Hennes-Weisweiler-Akademie in Köln zusammen u.a. mit Tayfun Korkut, Markus Weinzierl und Markus Gisdol als Lehrgangszweiter absolviert.

Dass Markus Weinzierl in Augsburg nun so erfolgreich ist, unterstützt die hier aufgestellte These, dass vorhergehende Erfahrungen im Herrenbereich in unteren Ligen für die weitere Entwicklung eines Trainers enorm wichtig sind. Das Gleiche gilt für Markus Gisdol, der seit April 2013 Cheftrainer der TSG 1899 Hoffenheim ist. Die hier genannten Trainer haben alle ein Format erreicht, das sich aus einem reichhaltigen Erfahrungspotenzial im Herrenbereich und einer enormen Persönlichkeitsstruktur entwickelt hat. Alles Faktoren, die sich bei dem aktuellen Trainer von Hannover 96 nach unserer Auffassung erst noch entwickeln müssen.

Es kommt daher darauf an, inwieweit der Trainer in der Lage ist, durch qualitative Heterogenität die Mannschaftsleistung zu steigern, was aber voraussetzt, dass dafür zunächst einmal eine Mannschaft vorhanden sein muss und nicht nur einige Einzelakteure. Die Wirkungsweise des Trainers, die eine Mannschaft zum Erfolg führen kann, liegt im Wesentlichen darin, ob es ihm gelingt, die qualitativen Ungleichheiten durch Trainingsaktivitäten auszugleichen. Und das genau ist es, was wir meinen, bisher in der Zeit von Tayfun Korkut bei Hannover 96 nicht gesehen zu haben. Hier haben die starken Spieler den Rhythmus bestimmt und letztlich entschieden, wann sie sich einbringen, um ein Spiel zu gewinnen oder zu verlieren.

Anderson/Sally stellen in ihrer Analyse zu den Trainern fest, dass Fußballtrainer auf der ganzen Welt eine ganz besondere Stellung einnehmen. In ihren Händen liegen die Entscheidungen, die jenen Teil des Erfolges ausmachen, der nicht vom Zufall, also stochastisch, bestimmt wird. Sie müssen die Balance zwischen Licht und Schatten herstellen. Aber sie müssen auch dafür sorgen, dass nicht nur ein einzelner Lichtstrahl einen übergroßen Schatten wirft.

Über Erfolg oder Irrtum, auch bei Hannover 96, wird die neue Saison entscheiden.

Die vergangene Saison hat gezeigt, dass sich die Vereine, die im Strom der Tabelle zwischen Platz 7 und 16 mit schwimmen, in ihrer Hardware, also dem verfügbaren Spielermaterial, nicht mehr stark unterscheiden. Umso wichtiger wird die Software, also die Faktoren, die den Fußball zu einer kollektiven Leistungsbereitschaft bringen. Die Software, besteht aus vielen Komponenten, die nur im bedingungslosen Zusammenwirken zum Erfolg beitragen können. Teamfähigkeit, Lernwille und Anpassungsvermögen setzen die Maßstäbe. Software, das sind aber auch Zahlen und Daten. Die Zahlen des Fußballs zu verstehen, heißt heute für einen guten Trainer, dass es weniger wichtig ist, selbst Fußball gespielt zu haben, als unabhängig davon zu einem Analyseexperten zu werden, der die Komponenten der Software beherrscht.

Die Macht der Daten, die ein guter Trainer analysieren kann, liegt in den Erkenntnissen, die sie hervorbringen können, aber sie sind auch eine wirksame Waffe in den fußballerischen Machtkämpfen.

Und genau das ist das Erfolgsrezept der Trainerformate, die auch ohne finanzielle Möglichkeiten Erfolg realisiert haben, die die Macht des Wissens genutzt haben, um Licht und Schatten in Balance zu bringen. Und so zeigt sich auch, dass auch Absolventen eines gleichen Trainerlehrganges nicht den gleichen Erkenntnisstand haben müssen.

Tayfun Korkut kann für sich und seinen Erkenntnisstand jedenfalls zunächst einmal konstatieren, dass er zur richtigen Zeit den richtigen Berater am richtigen Ort hatte. Ob das allein reicht, um Hannover 96 zurück nach Europa zu bringen, wird die Zukunft zeigen. Martin Kind nennt es jedenfalls einen mutigen Schritt in die Zukunft. Wie lange wird der Mut anhalten? Wie viel Mut braucht es? Und wann beginnt die Zukunft?

Wenn man dann so viel Vertrauen in einen Trainer investiert, dann sollte man aber auch den Mut haben, mindestens die gleichen Ziele zu formulieren, wie vor der Saison 2013/14. Sonst wird man unglaubwürdig!

Berater – Fluch oder Segen?

Bisher agieren Spielerberater in der Bundesliga und den anderen Profiligen in einem von außen kaum zu durchschauenden Geflecht von Absprachen, Dienstleistungen und Zahlungen. Der Spieler selbst sitzt bei den Verhandlungen in der Regel aber nicht mit am Tisch, wenn sein Berater mit den Klubverantwortlichen Vertragsinhalte aushandelt. Das "Wall Street Journal" stellt hierzu fest:

> *"Rechtlich entsteht eine pikante Dreiecksverbindung: Meist erbringen die Berater Maklerleistungen für einen Spieler, doch die Rechnung in Form der Provision zahlt der Klub, bei dem der Spieler angestellt ist, erläutert Alexander Graeser, Rechtsanwalt bei der Kanzlei CMS Hasche Sigle. 'Es herrscht keine Transparenz bei der Vertragsverhandlung und der Vergütung', stellte Graeser beim Sportbusiness-Kongress Spobis fest. Auch 'Korruption und Kickback-Zahlungen' benannte er als 'Problemfelder' im bestehenden System: 'Der Macht der Spielerberater muss Grenzen gesetzt werden'."*[20]

Nun hat der Bundesfinanzhof in München mit seinem Urteil vom 28. August 2013 festgestellt, dass ein Profifußballverein die Mehrwertsteuer aus Rechnungen von Spielervermittlern nicht als Vorsteuer geltend machen kann, soweit nicht der Verein, sondern der Spieler der Empfänger der Leistung des Spielerberaters ist.

Die Fifa schreibt aber vor: "Lizenzierte Spielervermittler sind verpflichtet, im Rahmen des gleichen Transfers nur die Interessen einer beteiligten Partei zu vertreten." Und dieses sind regelmäßig die Spieler oder Trainer, mit deren Mandat die Berater Verträge und Gehälter aushandeln.

Um explizit herauszuarbeiten, wie so ein Berater-System funktioniert, werden wir am Beispiel von Hannover 96 einmal einige Fakten aufbereiten.

Harun Arslan ist ein gewandter Berater – er hat am Ende der vierjährigen Amtszeit von Mirko Slomka bei Hannover 96 im Dezember 2013 diesem zu einer Abfindung von 1,5 Mio. Euro verholfen. So berichtete die Hannoversche Allgemeine Zeitung (HAZ) am 17. Februar 2014. Zwei Monate später hatte er dann Slomka wieder untergebracht, und zwar beim HSV in Hamburg.

---

[20] "Spielerberater: Vertreibung aus der lukrativen Grauzone". The Wall Street Journal vom 08.11.2013.

Bei Hannover 96 wurde nach dem "Abgang" von Slomka dann ein Trainer unter Vertrag genommen, der von dem gleichen Berater vertreten wird! Hier wurde also ein Trainer, der bei einem Sportberater unter Vertrag ist, gegen einen anderen, der ebenfalls bei dem gleichen Sportberater unter Vertrag ist, ausgetauscht. Sind Berater also moderne Menschenhändler?
Bayern Münchens Vorstandschef Karl-Heinz Rummenigge sieht in den Beratern die "größte Gefahr für den Fußball". Der Freiburger Trainer Christian Streich wirft ihnen Viehhändler-Methoden vor.
Spielervermittler (engl. players' agent), auch Spielerberater oder Spieleragent, ist nach dem einschlägigen Spielervermittler-Reglement des Weltfußballverbandes FIFA, wer regelmäßig und gegen Entgelt Spieler mit einem Verein zur Begründung eines Arbeitsverhältnisses beziehungsweise zwei Vereine zur Begründung eines Transfervertrages zusammenführt.

Die Provisionen für Spielerberater explodieren:
"Die Klubs zahlten 30 Prozent mehr Vermittlungsgebühren, insgesamt ging die Quote der Transfers mit Beteiligung von Vermittlern im Vergleich zu 2012 aber von 17 Prozent auf 14 Prozent zurück. Damit erhöhte sich allerdings der Pro-Kopf-Anteil der Vermittler deutlich." [21]

Auf Focus-Online war am 11.07.2012 Folgendes zum Thema "Spielerberater" zu lesen: *"Spielerberater im Fußball: Diese Männer regieren die Bundesliga: Sie bestimmen, welcher Spieler wo spielt, wie viel er verdient und ob er den Verein wechselt: Und sie verdienen bei jedem Vertragsabschluss mit – sechs bis zwölf Prozent vom Festgehalt des Klienten. Spielerberater sind die unbekannten Hintermänner im Fußballbusiness, die Schattenwandler im Millionengeschäft. Nur manchmal werden sie sichtbar."*
Der Stern hat 2012 über eine verdächtige Nähe zwischen der TSG 1899 Hoffenheim bzw. deren Mäzen Dietmar Hopp und dem Spielerberater Roger Wittmann berichtet, der eine große Anzahl der Spieler des Vereins unter Vertrag hat.
Eine ähnliche Konstellation also, wie es sie bei Hannover 96 gibt. Dort hat der Berater Harun Arslan einige Spieler unter Vertrag, sowie den ehemaligen und den aktuellen Trainer. Hinzu kommt nun, dass er bezeichnenderweise einen Perspektivspieler der TSG 1899 Hoffenheim, der zu Hannover 96 wechselt, ebenfalls in seinem Stall hat. Was hier nun ein "Geschmäckle" aufkommen lässt, ist, dass der aktuelle Trainer von Hannover 96 u.a. Nachwuchstrainer in Hoffenheim war. Das wäre sicherlich nicht weiter erwäh-

---

[21] Die Welt vom 29.01.2014

nenswert, wenn da nicht diese unmittelbare Nähe zum Berater wäre. Am Beispiel Hannover 96 kann man feststellen, dass ein Großteil der Spieler sich nur auf einige Spielerberater verteilt. Zufall? Bei *transfermarkt.de* sind allein 2.579 Beraterfirmen aufgeführt.

Es kommt dazu, dass einige Sportdirektoren ohne rudimentäre betriebswirtschaftliche Kenntnisse zu hochbezahlten Handlangern werden könnten, und zwar für Personen, die eigene wirtschaftliche Interessen verfolgen.

Wie die FAZ seinerzeit feststellte, gehen einige dieser Sportdirektoren dabei etwa den Weg der Unkenntnis, was besonders bei Spielertransfers mitunter zu einem recht gewagten Spagat zwischen den Klubinteressen und einer gefährlichen Nähe zu Spieler-/Trainerberatern führt.

Andererseits befeuern die Berater auch das "Söldnertum" im Fußball. Denn sie verdienen an jedem Transfer im erheblichen Umfang mit. Und das zeigt sich im Besonderen auch bei Hannover 96, wo der Berater des Spieler Mame Diouf (Marktwert lt. transfermarkt.de = 11 Mio. Euro), Jim Solbakken, eine entscheidende Rolle dabei spielte, dass dieser Spieler bei Hannover 96 keinen neuen Vertrag unterzeichnete, sondern nach Auslaufen seines Vertrages ablösefrei den Verein wechseln wird. Bei einem Marktwert von 11 Mio. Euro ist das für den Berater ein sehr lukratives Geschäft. Für den Verein aber bleibt kein Cent. War man also gut beraten, den Spieler über die Winterwechselpause, zu der noch Ablöse hätte erzielt werden können, zu behalten?

"Meistens fließt für einem Berater bei Transfers mehr als bei Vertragsverlängerungen", sagt Martin Bader, Sportdirektor 1. FC Nürnberg und studierter Sportökonom.

Beim HSV in Hamburg wurde Anfang Juni 2014 das Kapitel Bert van Marwijk endgültig beendet. Das Hamburger Abendblatt berichtet hierzu: *"Van Marwijk hatte vertraglich bis 2015 Anspruch auf mindestens 2,7 Mio. EUR. [...] Auch seinem Berater Michael Meier standen vertraglich bis Ende der Saison 150.000 EUR zu und weitere 200.000 für die kommende Spielzeit."*

Über die Höhe einer Abfindung wurde zwar Stillschweigen vereinbart. Aber angesichts dieser Summen lässt sich da schon eine üppige Zahlung auch für den Berater erahnen. **Not bad!**

Dass aber auch Trainer und Berater ein zu enges Verhältnis haben können, zeigt ein Beispiel, das im Zusammenhang mit dem Kurzgastspiel von Mirko Slomka in Hamburg steht. Nach einem Bericht der "Neue Presse" aus Hannover vom 17.09.2014 soll der Trainer Slomka u.a. den Spieler Kerem Demirbay mehrfach einen Beraterwechsel "nahegelegt" haben, mit dem Hinweis, sich doch dem Hannoveraner Harun Arslan anzuvertrauen. Und wie man hier unzweifelhaft feststellen kann, vertreten ganz offensichtlich beide Protagonisten, nämlich Slomka und Arslan, ihre jeweiligen Interessen gegenseitig. Arslan "versorgt" Slomka mit Abfindungen, in Hannover mit 1,5 Mio. Euro und in Hamburg mit 2 Mio. Euro, wie kolportiert wird. Und Slomka versorgt Arslan offensichtlich im Gegenzug mit Mandanten – eine klassische Win-win-Situation. Vielleicht lässt sich so auch erklären, warum Arslan eine Vielzahl von Spielern von Hannover 96 vertritt.

> *"Am schlechten Image aber sind die Berater nicht alleine schuld. Beim großen Fußballer-Monopoly überweisen manche Vereine schon mal ein paar Millionen auf das Konto einer Briefkastenfirma in Liechtenstein, wie Schalke 04 im Fall des nigerianischen Stürmers Victor Agali. Die Geldströme auf Konten zweier Berater bei Agalis Wechsel 2001 von Hansa Rostock zu Schalke 04 beschäftigen bis heute Justiz und Finanzbehörden."*[22]

Auf "soccerandmore.org" findet man u.a. folgende Aussage: *"Bisweilen mischen auch Trainer mit. Der Präsident eines Bundesligaklubs wunderte sich lange, warum sein Coach ständig neue Spieler wollte, die er dann auf der Ersatzbank versauern ließ. 'Dann habe ich mitbekommen, dass er heimlich an jedem Transfer mitverdient hat.'"*
Die FAZ schrieb am 26.04.2013 über die Sportberater:

> *"Sie sind die Schattenmänner des Fußballs: allzeit präsent, aber selten zu sehen und nie beliebt. Als Vertreter ihrer eigenen Interessen und der Klientel, die sie betreuen, nutzen sie die Öffentlichkeit mit intensiver Hintergrundarbeit. Spielerberater agieren mal dezent, wenn sie mit den Vereinen Verträge für die von ihnen vertretenen, manchmal auch gesteuerten Fußballprofis aushandeln, sie üben aber auch gelegentlich medialen Druck auf die Klubs aus, um sie in ihrem Sinne zu beeinflussen."*

Nun kommt hinzu, dass, wie Martin Kind in einem Interview mit "The Wall Street Journal" erklärt hat, bei Hannover 96 ausschließlich Vertragsbeziehungen zwischen Spielervermittlern und Verein bestehen. D. h., dass die Honorare an den Berater direkt durch den Verein bezahlt werden.
Bedenken bestehen gegen die bisherigen Vertragskonstellationen zwischen Vereinen und Beratern nun durch das bereits zitierte Urteil des Bundesfinanzhofs vom 28. August 2013. Soweit der Verein die Rechnungen der Berater bezahlt, dieser aber seine Leistung allein für seinen Mandanten (Spie-

---

[22] "Geldfluss versiegt in Monaco". 11 Freunde vom 04.09.2008.

ler oder Trainer) erbringt, bezahlt der Verein eine Rechnung, ohne aber eine eigene Leistung empfangen zu haben. Sollte festgestellt werden, dass es sich dabei um verdeckte Gehaltszahlungen handelt, da die Zahlungen ja eigentlich dem Spieler als geldwerter Vorteil zusätzlich zufließen – denn er ist ja derjenige, der die Leistung des Beraters in Anspruch nimmt und müsste diese somit auch vergüten, so könnte noch eine Lawine auf die Vereine zukommen (Nachforderungen von Finanzamt/Lohnsteuer/Sozial-Versicherung – Verwaltungsberufsgenossenschaft).

Für die Klubs könnte die bereitwillige Übernahme der Beraterkosten aus den vergangenen Jahren so nun zum Bumerang werden. *"Wenn ich einen Makler zahle, der für einen anderen tätig ist, habe ich ein Problem"*, so Rechtsanwalt Martin Stopper in "The Wall Street Journal". *"Die Schuldenübernahme kommt den Klubs teuer zu stehen."*[23]

Martin Kind begrüßt zwar, wenn in Zukunft im Beraterwesen die Spieler die Honorare an die von ihnen beauftragten Berater selbst übernehmen sollen. Das führt dann aber auch dazu, dass auf die Klubs Mehrbelastungen zukommen, weil von den Klubs dann sicherlich diese Honorare zuzüglich der vom Spieler dafür zu tragenden Abgaben in die Gehälter mit einzurechnen wären. Rechtsanwalt Stopper hat dazu ausgerechnet, dass auf 100.000 Euro Honorar zukünftig durch den Klub 200.000 Euro zusätzlich an einen Spieler zu überweisen wären.

> *"Ein Teil der Bundesligaklubs ist nur begrenzt profitabel, so dass es für die Klubs nur begrenzt möglich sein wird, Zusatzkosten zu übernehmen", so Martin Kind im "The Wall Street Journal".*[23]

"Wenn die Verbände nicht aufpassen, werden sie eines Tages feststellen, dass der Fußball nicht mehr von ihnen gesteuert wird, sondern zu einem großen Teil von den Beratern", sagte Bayer Leverkusens Geschäftsführer Wolfgang Holzhäuser der Zeitschrift Capital.[24] Zugleich räumte Holzhäuser ein, dass die Bundesligavereine mit ihrem Verhalten auch unseriösen Beratern gute Geschäfte ermöglichten. *"Ich weiß, dass die Branche auch mit Vermittlern zusammenarbeitet, die unübliche Methoden anwenden, wenn man einen wichtigen Spieler bekommen kann"*, sagte er. *"Die Clubs stehen nun einmal im Wettbewerb untereinander."*

Letztlich kann man konstatieren, dass es sich um einen doch recht unübersichtlichen Markt handelt, der mit Korruptionsvorwürfen konfrontiert ist und

---

[23] "Spielerberater: Vertreibung aus der lukrativen Grauzone". The Wall Street Journal vom 08.11.2013.

[24] "Die Macht der Spielerberater". Capital vom 19.07.2013.

in dem auch "Kickback-Zahlungen" das Tagesgeschäft bestimmen. Gerade aber die besondere Nähe von Beratern zu einem Verein und einem Trainer und damit auch zum Sportdirektor, wie z.B. auch bei Hannover 96, lassen hier sicherlich nicht gerade eine besondere Vertrauenssituation für Unbeteiligte erwachsen. Somit erscheint der Berater wohl eher als Fluch denn als Segen.

Auch in diesem Bereich verfahren aber sämtliche Fußballklubs nach dem allgemein gültigen Motto: *"So haben wir es schon immer gemacht."* Es gibt keinerlei Ansätze und Überlegungen, wie man hier einmal ein System oder Geschäftsmodell als "Branchenlösung" und als interaktive Wertschöpfung entwickeln könnte, dass auch zu einer Win-win-Situation für alle Beteiligten führen könnte. Dabei könnte z.B. ein Pool- oder Kooperationsmodell entwickelt werden, das alle Komponenten des Spieler- und Trainermarktes einschließt:

Scouting, Nachwuchsförderung und -ausbildung, Fußball-Akademie, Spielerdatenanalyse, Indexsysteme zur Leistungsbewertung, Spielerberatung und -betreuung, Langzeitleihbasis- und Leasing-Konzepte, Transferrechte, Vergütungs- und Verrechnungssysteme mit inkludierten Transferleistungen, Beteiligungs-, Crowdfunding- und Investoren-Modelle, Klubvermarktung, Branding, Hospitality, Medien etc.

Die Vereine müssen also neue Geschäftsmodelle und -felder entwickeln. Denn warum andere verdienen lassen, wenn man die Erlöse selbst generieren kann, sogar bessere Konzepte hat und selbst entscheiden kann, statt sich fremdbestimmen zu lassen.

Die Fans – nur noch emotionales Beiwerk?

Der Begriff Fan ist von dem englischen Wort "fanatic" abgeleitet, was so viel wie "Fanatiker" bedeutet. Trotz der Etymologie hat der Fan nichts mit dem im politischen Sinn negativ besetzten Begriff Fanatiker zu tun, sondern steht hier für die begeisterte Anhängerschaft und die Verehrung einer Person, Gruppe oder Sache, wie z.B. dem Fußballsport.

Jeder Fußballverein hat seine eigene Fangemeinde, die auch jeweils mit dem Verein und der Mannschaft Erfolge und Niederlagen teilt. Man kann so sicherlich auch eine abstrakte Klassifizierung der Fans, je nach Vereinsanhängerschaft, vornehmen:

So kann man die Fans des FC Bayern durchaus als Erfolgsfans bezeichnen. Die Fans von Schalke 04 und dem BVB werden dagegen eher als die echten Fans wahrgenommen. Dagegen würden wir die Fans von RB Leipzig als Konzeptfans bezeichnen, denn sie sind nicht Anhänger eines Traditionsvereins und somit keine Traditionsfans, sondern sind praktisch erst mit dem Konzept RB Leipzig entstanden.

So vielschichtig, wie sich die Fangemeinden der einzelnen Klubs auch darstellen, so einzigartig ist aber das, was alle Fans des Fußballsports verbindet, nämlich die Emotion.

Aber was sind die Fans den Vereinen noch wert?

Martin Kind, der Präsident von Hannover 96, hat zu den Fans sicherlich eine weniger emotionale und eher pragmatische Einstellung. So erklärte er am 12.12.2013 auf einer Veranstaltung der Allgemeinen Arbeitgebervereinigung Hannover und Umgebung e.V. (AGV), an der der Mitautor ebenfalls teilnahm, auf Nachfrage des Moderators Werner Hansch, dass die Fans wirtschaftlich eigentlich nicht gebraucht würden, auch wenn er diese Aussage dadurch relativierte, dass er feststellte, dass die Fans ja die Stimmung machen und die Merchandising-Artikel kaufen würden.

"Auch wenn es an manchen Stellen im heutigen Fußballbusiness so scheint, als ob es nur noch den materiellen Erfolg gebe und keine emotionalen Verbindungen zwischen Trainer – Klub – Mannschaft – Fans bestünden, so sind wir der Meinung, dass diese sehr wohl Bestand haben und auch wert sind zu schützen und zu fördern. [...] Emotionen sind tradi-

*tionelles Gut des Fußballsports, das wir weiterhin als Bestandteil unserer
Vereinskultur schützen möchten."*

Das schrieb Dirk Dufner, Sportdirektor Hannover 96, u.a. in einem Brief vom
12. Juli 2013 an die Autoren. Weiter schreibt er in dem Brief:

*"Der Trainer ist eine wichtige Identifikationsfigur für viele Fans und steht
als Ansprechpartner und Repräsentant des Vereins ständig in der ersten
Reihe. Mirko Slomka ist Hannoveraner und als solcher für unsere Fans
von immenser Bedeutung."*

Sechs Monate später wurde der Trainer Slomka von Dufner trotz der "emotionalen Bindung" "in die Wüste geschickt". Und die Fans? Emotionen oder
Abgesang für Slomka?

Das Beispiel Hannover 96 zeigt dabei einmal explizit, wie weit heute Verein
und Fans emotional aber tatsächlich auseinanderdriften können und wie es
dem Verein nicht gelingt, sich das emotionale Potenzial der Fans als Kom-
munikationsinduktor auch für die sportliche und wirtschaftliche Konzeptfin-
dung und -entwicklung kreativ nutzbar zu machen.

Bei den Heimspielen der "Roten" prallen immer wieder zwei Fan-Blöcke ver-
bal aufeinander. Die sogenannte "Nordkurve" mit den "Hardcore-Fans", die
sich mit "Kind muss weg!"-Rufen auf den Präsidenten eingeschossen haben,
u.a. wegen dessen differenzierter Einstellung insbesondere zu den "Ultras",
was sich inzwischen zu einem regelrechten Konflikt entwickelt hat.

Und nun kommt auch noch eine andere Gruppe von Fans der Westtribüne
hinzu, die als Mittel des Protestes ihre Unzufriedenheit durch permanente
Pfiffe gegen bestimmte Spieler, im Moment gegen den Spieler Ceyhun Gülselam, ausdrücken. Statt nun einmal zu hinterfragen, was diese Westtribü-
nen-Fans tatsächlich mit ihren Protesten ausdrücken wollen, reagiert die
Vereins- und Sportführung mit Unverständnis, und, wie der Sportdirektor es
ausdrückt, "ohne Geheimrezept".

*"Wir sind dialogbereit. Anscheinend gibt es aber keine Basis für Gespräche.
Dann gibt es keine Gespräche."* So wird Martin Kind in der Hannoverschen
Allgemeinen Zeitung zu den "Nordtribünen-Rufen" zitiert.[25] Und in der gleichen Ausgabe äußerte sich der Sportdirektor Dirk Dufner mit: *"So etwas
kotzt die Mannschaft an"*[21] zu den "Westtribünen-Protesten".

Statt einen Schritt auf die Fans zu bewegt man sich immer weiter auch von
den "Normalofans" weg, denn die Fans der Westtribüne sind weder "Ultras"

---

[25] Unschönes Duell: 96-Fans gegen 96-Fans. Hannoversche Allgemeine Zeitung Nr. 295 vom
18.12.2014.

noch "Hardcore-Fans", sondern Repräsentanten der Mitte, eben echte Fuß-
ballfans. Offensichtlich versteht man bei Hannover 96 nicht wirklich, was
dieser Protest bedeuten könnte. Geht es hier wirklich nur darum, den Spieler
Gülselam persönlich zu treffen? Oder wollen die Fans nicht vielleicht zum
Ausdruck bringen, dass ihre sportliche Erwartungshaltung an die getätigten
Transaktionen durch die sportliche Führung nicht erfüllt wird?

Es fehlt hier den Verantwortlichen offenbar an substanzieller sport- und
massenpsychologischer Kompetenz und das ist ein Indiz für eigene Konzept-
losigkeit. Nun haben sowohl Uli Hoeneß als auch Martin Kind (Zitat: *"[...] und
selbst hier subventionieren die VIP-Logen die Kartenpreise für Otto-
Normalzuschauer"*)[26] ja eindeutig festgestellt, dass es für sie eigentlich nur
eine Sorte Fans gibt, nämlich die VIPs, die mit dem Kauf ihrer Logenplätze
die Kartenpreise für Otto Normalverbraucher subventionierten. Also gibt es
auch in den Fußball-Arenen eine Zweiklassengesellschaft. Tatsächlich ist es
sogar eine Dreiklassengesellschaft, denn neben den VIPs und dem normalen
Fan gibt es noch die Ultras.

Wer ist also nun der Fan, der sich noch für den wirklichen, wahrhaftigen und
authentischen Fußball interessiert?

Diejenigen in den Logen, also die, die für die anderen bezahlen, sind nicht
unbedingt da, um Fußball zu schauen, sondern um sich selbst zu beschau-
en. Sie zieren die Fotostrecken in den Gazetten oder sogar im Sportteil seri-
öser Tageszeitungen – Hinz parliert mit Kunz, Kunz mit Hinz und Frau Hinz
mit Frau Kunz – und alle präsentieren sich mit Fanschal. Und wenn tatsächlich mal ein Tor fällt, dann stehen sie meistens gerade mit einem Glas
Schampus am Buffet und werden von dem Torgeschrei der subventionierten
Fans irritiert.

Something happened?

Ein anderer Teil der Zuschauer wiederum verbringt den Tag in der Arena mit
dem Zündeln von Pyrotechnik. Auch die bekommen meistens nicht wirklich
mit, wenn ein Tor fällt, weil wieder einmal der Qualm der Pyrotechnik die
Sicht verdeckt. Diese Fangruppen, die Ultras, stehen auch in der Kritik, weil
ihnen Gewalttätigkeit, der Diebstahl von Fanmaterial wie Fahnen oder
Schals oder die Einschüchterung von Nicht-Ultras vorgeworfen wird.

Ein weiterer Kritikpunkt an den Ultras ist, dass durch die vorgegebenen Ge-
sänge des "Capos" die Spontaneität, also der Bezug zum aktuellen Spielge-
schehen, verloren geht. Und was macht der Subventionsfan? Der schaut

---

[26] "Entscheidend ist nicht aufm Platz". Hannoversche Allgemeine Zeitung Nr. 292 vom
14.12.2013.

Fußball und ist somit das emotionale Beiwerk, um Fußball jedenfalls auch akustisch zu untermalen. Allerdings werden die Schlachtgesänge der Fans von den Klubs nicht mehr wirklich verstärkt nachgefragt. Fangesänge und Torschrei sind offensichtlich heute nur noch die Geräuschkulisse, um die TV-Übertragungen entsprechend akustisch zu unterstützen.

Auch die Akteure auf dem Platz missbrauchen die Fans und deren Emotionen häufig nur als Alibifunktion, wenn sie durch rotierende Armbewegungen die Fans zur Anfeuerung auffordern. Damit versuchen sie von ihren offensichtlichen Minderleistungen abzulenken, um mit den Gesten zu zeigen: Nur wenn ihr uns anfeuert, sind wir in der Lage, große Leistungen zu vollbringen. Eine Art Schuldzuweisung an die Fans also.

Und manchmal wird der Normalo-Fan dann auch noch bevormundet, in dem seine Grundrechte eingeschränkt werden, weil er zu bestimmten Auswärtsspielen nur in "geordneten Sammeltransporten" anreisen darf! So geschehen im April 2014 vor dem Auswärtsspiel von Hannover 96 bei Eintracht Braunschweig, als die 96-Fans ihre Tickets erst ausgehändigt bekamen, als sie die bereitgestellten Busse betreten hatten. Das führte für den Klub dann aber auch zu erheblichen Prozesskosten, weil er mit dem "Buszwang" rechtsmissbräuchlich gehandelt hatte.[27]

Der Fan, das unbezahlbare Kulturgut. Aber es ist meist eine einseitige Beziehung, denn was die Fans als emotionales Beiwerk einbringen, bekommen sie nicht immer auch in gleicher Münze von ihrer Mannschaft zurück.

Es wird spannend sein zu beobachten, was aus der Fankultur in Zukunft wird. Wird es den Normalo-Fan noch als emotionales Beiwerk zum Fußball geben oder werden die VIPs in den Arenen und ihren Logen unter sich sein? Wird Live-Profifußball zu einem elitären Erlebnis? Quo Vadis, Bundesliga?

Laut dem Buch "Geld schießt Tore"[28] haben die Business Lounges inzwischen den Golfplatz ersetzt. Dort werden Kunden bewirtet und neben der Fachsimpelei über das Spiel werden Geschäfte per Handschlag abgeschlossen. Der Verlierer des globalen und kapitalisierten Fußballs wird immer mehr der "wahre Fan". Der Fan also, der sich allein für den Sport und für den Verein begeistert und der auch sportlichen Erfolg erleben möchte. Aber wollen die Klubs die "wahren Fans" noch? Ein Retortenklub wie RB Leipzig hat ja auch keine Traditionsfans.

Die Klubs brauchen Konsumenten, die in den Arenen verzehren und Merchandisingartikel erwerben. Es geht nur noch um "Kundenkontakte". Und

---

[27] Amtsgericht Hannover – Az 409 C 3683/14 vom 06.06.2014
[28] Dieter Hintermeier, Udo Rettberg: "Geld schießt Tore". Carl Hanser Verlag, München/Wien. 2006.

genau hier zeigt sich, wie zwiespältig die Fußballunternehmen wirtschaftlich handeln und denken. Zwar hat man schon, wenn auch in sehr bescheidenen Umfängen, erkannt, dass die Fans Kunden sind, denen man ein breites Sortiment anbieten muss. Aber es fehlt, im Gegensatz zur Realwirtschaft, wie ja auch das Beispiel Hannover 96 zeigt, an der Kommunikation mit den Kunden, um die wirklichen Bedürfnisse und Erwartungen des Kunden "Fan" erfüllen zu können. Und so zeigt es sich, dass man auch noch nicht in der Lage ist, in globalen wirtschaftlichen, ökonomischen Dimensionen zu agieren.

Allein der Kunde "Fan" ist zwar nur noch ein Part in der Wertschöpfungskette eines Profifußballunternehmens, wenn auch wirtschaftlich ein relativ kleiner. Insgesamt ist der Fan aber inzwischen zu einem reinen Marketingobjekt geworden, der am Rande noch für die überlieferten Traditionen, wie Leidenschaft für den Klub und Emotionen für Spiel und Verein, eine Alibifunktion übernimmt.

Masterplan Zukunft

Die Welt der Wirtschaft lebt von Entwicklungen. Die Welt des Bundesliga-fußballs erlebt Obsoleszenz!

Der Profi-Fußball ist reif für einen grundlegenden Wandel. Den Wandel vom Verein zum Sportunternehmen. Im Zentrum eines solchen Wandels stehen Daten und Zahlen. Zahlen, die Konventionen in Frage und alte Normen auf den Kopf stellen. Zahlen entlarven auch die Fehler im *"Das-haben-wir-schon-immer-so-gemacht"*-System. Denn nicht ehrwürdige Traditionen und eiserne Doktrinen schaffen den Wandel, sondern Visionen, Ideen, Strategien und Konzepte.

Wer für den Wandel keinen Plan hat, braucht einen Plan. Wer in der Bundesliga die Zukunft für sich gestalten will, braucht einen Masterplan. Das gilt gerade nicht nur für die sportliche Seite des Wettbewerbs, sondern auch für die ökonomische. Gerade weil Ökonomie nicht wie z.T. der sportliche Wettbewerb auf dem Stochastik-Prinzip[29] basiert, ist es umso wichtiger, die ökonomischen Wettbewerbsfaktoren beeinflussen zu können.

In der Bundesliga geht es heute nicht mehr nur um Tabellenplätze, Punkte und Tore, es gibt einen Wettbewerb um Kapital, und nur wer sich diesem Wettbewerb stellt, wird mittel- und langfristig Erfolg haben können. Nur wer im Wettbewerb um Kapital und Investoren bestehen kann, der kann auch den sportlichen Wettbewerb mit beeinflussen.

"Investoren machen den Fußball professioneller", hat Martin Kind im Mai 2014 im "Handelsblatt" verlauten lassen. Noch ist das sicherlich eine Zukunftsprognose, da zwar das 1998 auf dem DFB-Bundestag beschlossene "Eckwertepapier" eine Lockerung für Investitionen gebracht hat, doch die 50+1-Regel setzt hier die Grenzen.

Die sogenannte 50+1-Regel (manchmal auch 50+1-Regelung) ist ein Paragraph in den Statuten der Deutschen Fußball-Liga. Nach dieser Regel ist es Kapitalanlegern nicht möglich, die Stimmenmehrheit bei Kapitalgesellschaften zu übernehmen, in die Fußballvereine ihre Profimannschaften z.T. ausgliedern. Erlaubt ist hingegen, dass sich die Mehrheit des Kapitals im Besitz privater Investoren befindet. So hält beispielsweise Borussia Dortmund an

---

[29] "Die Stochastik (von altgriechisch στοχαστικὴ τέχνη *stochastikē technē*, lateinisch *ars conjectandi*, also 'Kunst des Vermutens', 'Ratekunst') ist ein Teilgebiet der Mathematik und fasst als Oberbegriff die Gebiete Wahrscheinlichkeitstheorie und Statistik zusammen." (wikipedia.de)

seiner eigenen Bundesligamannschaft, die als börsennotierte Kommanditgesellschaft auf Aktien ausgegliedert ist, nur 7,24 % des Kapitals.[30]
Aber ist die Regel noch zeitgemäß?
Trotz der 50+1-Regel wird der Wettbewerb um Kapital intensiver:

- Der FC Bayern hat schon jetzt Triple-A-Status[31] (was hier aber symbolisch für Audi, Adidas, Allianz steht).
- Der BVB, als einziger börsennotierter Verein, rüstet auf und sammelt am Kapitalmarkt 144 Mio. Euro durch Platzierung von 24 Mio. neuen Aktien ein.
- Bei Hertha BSC ist inzwischen ein amerikanischer Investor eingestiegen.
- Mit RB Leipzig in der 2. Bundesliga ist ein "Konstrukt" dazu gekommen, das auf weite Sicht die Finanzstrukturen der Zukunft vorgibt.
- Bayer Leverkusen und der VfL Wolfsburg sind sowieso schon außerhalb der 50+1-Regel, da es sich um Werkklubs handelt, wo aufgrund von Ausnahmeregelungen des DFB die beteiligten Wirtschaftsunternehmen den Mutterverein bereits über 20 Jahre erheblich gefördert haben.
- Hannover 96 wird 2018 aufgrund der 20-Jahre-Regelung, die sich mit dem Spruch von 2011 des ständigen DFB-Schiedsgerichts zum sogenannten Eckwertepapier ergeben hat, komplett auf die Investoren übergehen, da die 1997 gegründete Hannover 96 Sales & Service GmbH & Co. KG dann den Mutterverein ununterbrochen gefördert hat.
- Das gilt auch so ab dem 1. Juli 2015 für die TSG 1899 Hoffenheim, wo dann nach 20 Jahren der Investor Dietmar Hopp die Mehrheit am Klub übernehmen wird.

Martin Kind hat in dem bereits zitierten Interview mit dem Handelsblatt noch Folgendes zur derzeitigen Situation um die 50+1-Regel gesagt: *"Wir haben für den deutschen Profifußball Regeln verabschiedet, die mit der Entwicklung des Marktes nicht mehr voll umfänglich korrespondieren. Wenn man Veränderungen nicht gestaltet, schaffen sich die Marktteilnehmer Wege der Umgehung."[32]*

---

[30] wikipedia.de

[31] Triple-A (AAA): Ein Ratingcode oder Ratinggrade. Ein von Ratingagenturen verwendeter Buchstabenschlüssel, der die Bonität bewertet. Triple A steht für höchste Bonität.

[32] "Investoren machen den Fußball professioneller". Handelsblatt vom 15.05.2014.

Wertpapieranalysten bezeichnen die Regelung – vollkommen zu Recht – als völligen Unfug.

Und genau dazu, neue Wege zu suchen und zu finden, wird auch der Wettbewerb um Kapital führen. Denn die vom Ligaverband und vom DFB aufgestellten Regeln sind nicht der Masterplan für die Zukunft. Ob die gesamte Liga einen Masterplan Zukunft bekommen wird, bleibt hier einmal offen. Dazu kann aufgrund der Dogmen und Regeln der Verbände sicherlich im Moment keine konkrete Aussage getroffen werden. Fest steht nur, dass die Liga dringend einen Masterplan Zukunft braucht.

Anders sieht es bei den einzelnen Marktteilnehmern am Spielbetrieb aus. Hier gilt es, die Zukunft zu planen, will man weiterhin als Marktteilnehmer dabei sein. Ob das aber bisher alle so erkannt haben, bleibt zu bezweifeln. Für viele bleibt es dabei, von Spieltag zu Spieltag zu schauen, Tore und Punkte zu bewerten und den Tabellenplatz im Auge zu behalten.

Für diejenigen, die einen Masterplan Zukunft für sich aufstellen, gilt es erst einmal festzustellen: Wo sind wir, und wo wollen wir hin? Dazu müssen die Felder untersucht werden, die zusätzliche Umsätze generieren können, sowie die, in denen das Umsatzpotenzial ausgeschöpft ist. Nun sollen diese Ausführungen kein betriebswirtschaftlicher Exkurs oder eine Handlungsempfehlung werden, sie geben lediglich ein paar Gedanken über die ökonomische Zukunftsfähigkeit von Fußballunternehmen wieder.

Bei den Zuschauereinnahmen wird kaum mehr Wachstum möglich sein, da die Auslastung der Stadien bei den meisten Vereinen bereits bei 90 Prozent und bei einigen sogar bei 98 Prozent liegt. So erkennt man, dass hier nur über eine Erhöhung der Preise noch etwas zu machen ist. Aber auch hier ist die "Schmerzgrenze" wohl bereits erreicht. Per Saldo heißt das, dass kein Umsatzpotenzial mehr vorhanden ist. Nun liegt der Anteil des Ticketing am Gesamtumsatz eines Vereins zwischen durchschnittlich 15 und 20 Prozent. Es handelt sich also um einen Posten, der die Vereine wirtschaftlich kaum weiterbringt.

Andere Posten, z.B. TV-Gelder, werden nicht durch die Vereine verhandelt, so dass man hierauf auch keinen direkten Einfluss nehmen kann.

Werbe- und Sponsoringpartnerschaften bieten zwar bei entsprechenden Strategien und Verhandlungsgeschick Spielräume, aber da spielen dann auch noch andere Faktoren, wie Markenstärke, Image, sportliche Leistung etc. mit. Im Grunde ist das auch nur im begrenzten Umfang ein Wachstumsfeld.

Aus den klassischen Umsatzfeldern eines Profifußballunternehmens sind damit die traditionellen ökonomischen Potenziale nahezu ausgelutscht. Und an diesem Punkt fängt es an, dass Begriffe wie Ideen, Visionen, Kreativität, Innovation ins Spiel kommen. Während die bisher bestellten Felder keines wirklichen Masterplans bedürfen, da sie im Wesentlichen durch das Tagesgeschäft bestimmt werden, sieht es bei den Zukunftsfeldern schon anders aus.

Diversifizierung und Globalisierung werden nicht durch das Tagesgeschäft abgedeckt, sondern brauchen Strategien und Kapital. Nun treten in solchen Momenten immer die Bedenkenträger hervor. *"Strategien, ja schön, aber Kapital woher, wir müssen uns ja an die 50+1-Regel halten."*

Damit zeigt sich dann, dass Fußball auch Visionäre braucht, die zunächst über alle Bedenken und Regeln hinweg Visionen entwickeln. Visionen, die vollkommen losgelöst vom Tagesgeschäft und Tagesentscheidungen entstehen sollten. Die auch zunächst abseits der gegenwärtigen Realität liegen können. Und die Felder, die sich für Ideen, Visionen, Strategien am besten eignen, sind Innovation, Diversifikation und Globalisierung.

Und so kann dann aus diesen Gedanken heraus ein Masterplan Zukunft entwickelt werden, der quasi zunächst eine Parallelwelt zum Tagesgeschäft aufzeigt. Innovative Unternehmen der Wirtschaft gehen diesen Weg bereits sehr erfolgreich. Ein Beispiel ist die Sennheiser electronic GmbH & Co. KG. Das Unternehmen will mit dem "Innovation Campus" neue Wege gehen. Der Campus wird den Mitarbeitern Raum für kollaborative Arbeitsformen und Projektflächen bieten und weiterhin die Innovationskraft stärken und nachhaltiges Wachstum sichern. Zudem setzt Sennheiser für "strategische Zukunftsfragen" auf ein Top-Team außerhalb des Tagesgeschäftes. Kernthemen sind strategische Kooperationen und Innovationen. In einer Art Agenda soll hier die Zukunftsfähigkeit des Unternehmens gewährleistet werden.

Und wie immer in solchen Fällen fragt man sich: Wieso macht die Wirtschaft so etwas, und wo ist der ökonomische Unterschied zu einem Fußballunternehmen? Eigentlich müsste hier dann die Antwort stehen: "Fußball ist Fußball und Wirtschaft ist Wirtschaft". Denkbar, dass ein Verantwortlicher aus einem Sportunternehmen das so oder so ähnlich schon gesagt hat.

Aber Fußball, Sport und Wirtschaft können auch anders ticken. Das Beispiel hierfür ist Red Bull. Heute halten viele Red Bull für eine globale Sportmarke und nicht für das Label eines Energydrinks, wobei sich global sowohl auf weltweite Verbreitung als auch auf die Vielfalt der Sportarten bezieht. Visionäre wie Dietrich Mateschitz erfinden Sport ökonomisch neu. Der Fußball muss sich zwar nicht als Sportart neu erfinden, denn da ist er einmalig. Der Fußball muss sich als ökonomisches Produkt neu erfinden und da muss man auch nicht schauen, was in den anderen europäischen Ligen passiert, sondern man muss ganz pragmatisch auf die eigenen Interessen schauen.

Wo heute Märkte auch für Fußballunternehmen entstehen, haben Hintermeier/Rettberg in ihrem Buch "Geld schießt Tore" exemplarisch dargestellt: *"Das gelobte Land für den europäischen Fußball – Wachstumsmarkt China".* Nun müssen wir feststellen, China ist sicherlich einer und vielleicht der größte Wachstumsmarkt, aber nicht der einzige. Wachstumsmärkte für Fußball sind insbesondere auch Ostasien, USA und die konservativen arabischen Staaten und Emirate.

Der US-Markt bietet die vielschichtigsten und nachhaltigsten Diversifikations- und Kooperationsangebote. Zudem bietet er genau das Know-how, was der Profisport an Vermarktung, Marketing und Medienpräsenz als Wertschöpfungsfaktoren benötigt.

Der US-Markt bietet mit seinen "big four"-Ligen genau die Ankerpunkte, die wir in Deutschland bisher nicht haben. Wem es hier gelingt, mit einem Unternehmen aus den "big four" eine Kooperation oder Partnerschaft einzugehen, der ist in Bezug auf Diversifikation einen gewaltigen Schritt weiter und hat so auch die Basis für weitere Märkte. "Big four" ist Sportentertainment. Fußball ist authentischer Sport. Eine perfekte Kombination, die die Amerikaner selbst bisher mit ihrer Major League Soccer (MLS) so nicht geschafft haben.

Wenn ein Bundesligaklub dazu noch einen amerikanischen Fußballhelden in seinen Reihen hatte und diesen nach seiner aktiven Zeit nicht für die Frschließung des US-Marktes nutzt, dann lässt er Zukunft liegen.

Im Buch "Geld schießt Tore" wird zum Thema Zukunft konstatiert: *"Eines steht jedoch fest: Der Fußball hat keine andere Chance, als neue Wege einzuschlagen und sich stärker als Wirtschaftsfaktor zu präsentieren."*[33] Und so bestätigt sich unsere These, dass nur der, der in der Lage ist, das global existierende riesige Potenzial abzurufen, auch in der Zukunft ankommt.

Es ist daher besonders wichtig, Möglichkeiten aufzuzeigen, wie sich der kommerzielle Fußball innerhalb der globalisierten Welt anpassen kann. Dazu muss der Blickwinkel logischerweise über den Tellerrand hinausgehen, was aber sicherlich aufgrund der sehr vielen Bedenkenträger, Traditionalisten und Dogmatiker ein sehr schwieriges Unterfangen sein wird. Trotzdem müssen alle Optionen geprüft werden, auch die, denen "Bedenken" entgegenstehen, die den Fußball ökonomisch – weltweit – nicht nur spannender machen, sondern auch wirtschaftlich auf wesentlich breitere Füße stellen. Nur

---

[33] Dieter Hintermeier, Udo Rettberg: "Geld schießt Tore". Carl Hanser Verlag, München/Wien. 2006. S. 267.

wer seine Hausarbeiten sorgfältig erledigt, wird mit dem kommerziellen Fußballspiel in einer globalen Welt erfolgreich bestehen können.

Und so schreiben die Autoren des Buches "Geld schießt Tore" weiter: "[...] es
muss sowohl in sportlicher als auch in wirtschaftlicher Hinsicht das vermeintlich Unmögliche gedacht werden."

Das "Unmögliche" ist aber nicht unmöglich. Das "Unmögliche" möglich zu
machen heißt eben, dass der Fußball die Globalisierung insbesondere auf
ökonomischem Gebiet annehmen muss. Er muss sich, wie beschrieben,
stärker jenen Regionen zuwenden, in denen er noch nicht die Stellung wie in
Europa oder Lateinamerika hat. Den Verantwortlichen ist zu raten, die großen globalökonomischen Trends zu beobachten und auf dieser Welle mit zu
schwimmen. Wie hier auch schon dargestellt, liegt das größte Potenzial für
ein "Geben und Nehmen" in China und den USA und im Nahen und Fernen
Osten.

Es sind allein die ökonomischen Veränderungen, die den Sport weiterbrin-
gen, und alles, was über Veränderungen am Fußballspiel selbst geschrieben
oder kolportiert wird, ist nur dem Sport abträglich, der in seiner Authentizität
erhalten bleiben muss.

All diese Vorschläge und Diskussionen um

- Abschaffung der Abseitsregel
- nie mehr Unentschieden
- TV-Beweis

machen den Fußball nicht erfolgreicher und zukunftstauglicher. Der Erfolg im
Fußball und der Wettbewerb in der Bundesliga werden nur wieder erreicht,
wenn die Vereine heute erkennen, dass die ökonomische Zukunft bereits
gestern begonnen hat.

Achtzehn Vereine bewerben sich in der neuen Saison um was? Fünf bis
sechs machen die Europapokal-Plätze unter sich aus. Zwölf Vereine spielen
um die "Goldene Ananas" oder die "Relegationsmeisterschaft" und ein Verein
wird zum 28. Mal Meister. Kann es das gewesen sein? So bleibt die Bundesliga über die nächsten Jahre Gegenwart.

"Und ewig grüßt das Murmeltier!"

Es gehört noch nicht einmal Mut dazu, in die Zukunft zu schauen und zu investieren. Es gehört nur ein Plan dazu, und zwar ein Masterplan Zukunft,
und es gehört Kompetenz dazu. Diese Kompetenz ist offenbar das größte
Problem für den Schritt in die Zukunft. Dieser Schritt ist für die meisten Fuß-

ballunternehmen mit dem bestehenden Humankapital nicht zu stemmen. Und so wird die Zukunft für die meisten Fußballunternehmen bereits durch die Gegenwart ausgebremst.

Benchmark

Um einen Masterplan zu erstellen, muss man sich zunächst auch mit den bestehenden Strukturen auseinandersetzen. Monostrukturen sind bei den meisten Profiabteilungen der Fußballvereine, die inzwischen in Kapitalgesellschaften umgewandelt worden sind, die gängigen Geschäftsmodelle.
D.h., dass die Ausrichtung allein auf die wirtschaftliche und sportliche Leistungserstellung der jeweiligen Mannschaft in der entsprechenden Liga erfolgt. Diese ist somit sowohl in der Marketingstrategie als auch in der betriebswirtschaftlichen Gesamtrechnung das einzige "Produkt", was einen Wertschöpfungsprozess generieren kann.
Diese Monostrukturen führen dazu, dass alle am sportlich-wirtschaftlichen Wettbewerb Beteiligten nahezu zu den gleichen Bedingungen teilnehmen. Somit können auch kaum nachhaltige Wettbewerbsvorteile erzielt werden. Also sind zunächst für alle Teilnehmer auch die Erfolgspotenziale und Erfolgsfaktoren ziemlich gleich gelagert.
Insoweit ist es auch schwer, bei Monostrukturen weitere, vor allem ja wirtschaftliche Erfolgsfaktoren zu identifizieren und diese dann auf Basis von Visionen, Ideen, Strategien und Konzepten umzusetzen. Die Fragen sind also, wie man die Monostrukturen aufbrechen kann und welche Möglichkeiten der Diversifizierung erschlossen werden können. Und welche Wirkung und Wertschöpfung kann erzielt werden?
Hierzu muss man sich zunächst einmal anschauen, wie sich Diversifizierungen bisher im Bereich von Profisportklubs darstellen. Dazu werden im Folgenden einige Beispiele der weltweiten Marktführer im Profifußballbereich durchleuchtet. Hierbei betrachten wir ausschließlich die Bereiche, die neben dem Profifußball ebenfalls Profistrukturen aufweisen.
Neben der inzwischen in die FC Bayern AG ausgegliederten Profifußballabteilung ist bei Bayern München die Frauenfußballabteilung mit eingegliedert. Die Frauenfußballmannschaft spielt seit 2000 in der 1. Frauenbundesliga und wurde 2012 DFB-Pokal-Sieger. Vor Einführung der Bundesliga wurde die Frauenfußballmannschaft des FC Bayern 1976 Deutscher Frauenfußballmeister.
Neben der Frauenfußball-Profiabteilung, die in die FC Bayern AG eingegliedert ist, gibt es im Verein FC Bayern München noch den Profibereich Basket-

ball. Seit der Saison 2011/2012 ist der FC Bayern wieder in der Basketball-Bundesliga vertreten, aus der er 1988/89 abgestiegen war. Inzwischen ist das Profibasketballteam Deutscher Basketballmeister der Saison 2013/14 geworden.

Die beiden weiteren Profiabteilungen des FC Bayern finden dabei die volle wirtschaftliche und emotionale Unterstützung des Präsidiums und des Vorstandes und tragen somit nachhaltig zur weiteren Imagebildung der Marke "FC Bayern" als sportliche Aushängeschilder bei. Und dieses in durchaus zuschauer- und auch medienwirksamen Sportbereichen.

Nun kann man nicht direkt ermitteln, inwieweit diese Art von Diversifikation sich über den Sport- und reinen Imagebereich hinaus wertschöpfend auf das wirtschaftliche Gesamtergebnis auswirkt. Insgesamt ist aber bereits allein der Imagegewinn mit Blick auf eine Marketingstrategie für Sponsoring und Werbe- und Medienpartnerschaften ein wesentlicher Faktor.

Sicherlich kann man hier im wirtschaftlichen Sinn nicht von einer reinen Diversifikation sprechen, doch zeigt dieser Ansatz, dass eine Sportmarke nicht zwangsläufig auf ein einziges Produkt beschränkt sein muss.

Die Königlichen aus Madrid sind neben dem Fußballbereich auch in weiteren Sportarten professionell erfolgreich. Allen voran ist es hier auch Basketball. Mit insgesamt 31 Titeln ist die Basketball-Abteilung von Real Madrid spanischer Rekordmeister. Darüber hinaus war man auch achtmal im Europapokal der Meister erfolgreich. Daneben wurden weitere Titel im Pokal und auf europäischer Ebene gewonnen. Real Madrid plant zurzeit für die Basketball-sektion den Bau einer 16.300 Zuschauer fassenden Arena auf dem vereinseigenen Gelände der Ciudad Real. Allein dieses Vorhaben zeigt die wirtschaftliche Dimension dieser Sektion, und somit ist dieser Bereich durchaus als Wirtschaftsfaktor ein nicht unerheblicher Beitrag zur wirtschaftlichen Gesamtrechnung. Aber auch Volleyball wird bei den Königlichen professionell betrieben. In diesem Bereich stehen neben 7 spanischen Meisterschaften noch 12 spanische Pokalsiege zu Buche.

Neben diesen im Gesamtklub Real Madrid betriebenen Profisportsektionen gibt es sehr erfolgreiche internationale Kooperationen. Im Jahr 2006 schlossen das MLS-Team Real Salt Lake und Real Madrid einen auf zehn Jahre datierten Kooperationsvertrag. Kernpunkt des Vertrages ist der Bau eines Jugendinternats in Salt Lake City, in dem bis zu 200 Jugendliche leben und trainieren.

Seit 2005 gibt es zwischen Real Madrid und dem chinesischen Finanz- und Investmentunternehmen CITIC ein Abkommen, mit dem Real den firmeneigenen chinesischen Erstdivisionär Beijing Guoan unterstützt. Im Gegenzug hilft die CITIC-Gruppe den Madrilenen über die Tochtergesellschaft Guoan beim Marketing in China.

Im Sommer 2006 gründete Real Madrid in Zusammenarbeit mit der Europäischen Universität Madrid eine Art Fußballuniversität unter dem Namen Escuela de Estudios Universitarios Real Madrid – UEM. Es werden insgesamt zehn Aufbaustudiengänge zu den Bereichen Sport, Gesundheit, Sportmedizin, Medien, Betriebswirtschaft, Physiotherapie sowie Sportunternehmensführung angeboten.

Dieses Gesamtportfolio hat insgesamt das Erfolgspotenzial einer vertikalen Diversifikation, die sich in allen Bereichen und Sektionen an der Wertschöpfungskette des Gesamtsportunternehmens orientiert.

Auch der FC Barcelona hat eine sehr erfolgreiche Profibasketballsektion. Angelehnt an den Namen des Hauptsponsors Regal firmiert die Sektion unter dem Namen "Regal FC Barcelona".

Das Team hat insgesamt 17 spanische Meisterschaften errungen und auf europäischer Ebene zweimal die ULEB Euroleague. Es ist zweimal europäischer Pokalsieger geworden und hat weitere nationale und europäische Wettbewerbe gewonnen. Der "Regal FC Barcelona" spielt vor durchschnittlich 8.000 Zuschauern im Palau Balugrana.

Wie im Fußball gibt es auch im Basketball die ewige Rivalität zwischen Barca und Real, was auch nachhaltig zum wirtschaftlichen Erfolg dieser Profisektion des FC Barcelona beiträgt.

Eine weitere, sportlich sehr erfolgreiche Profisektion ist der Bereich Handball. Sie trägt durch den Namenssponsor "Intersport" den vollständigen Namen "FC Barcelona Intersport".

Sportliche Erfolge:

- ◆ 28 Mal Spanischer Meister
  17 Mal Spanischer Pokalsieger
- ◆ 8 Mal Sieger der Champions League der Europäischen Handballföderation (EHF)
- ◆ 5 Mal Europäischer-Supercup-Sieger
- ◆ 5 Mal Gewinner des Europapokal der Pokalsieger
- ◆ 1 Mal EHF Pokalsieger

Die Profihandballsektion des FC Barcelona ist damit die erfolgreichste europäische Spitzenmannschaft und ein durchaus erheblicher Wirtschaftsfaktor für den Gesamtklub. Der FC Barcelona ist nicht, wie viele andere Profifußballklubs, als Kapitalgesellschaft, sondern als gemeinnütziger Verein organi-

siert. Bis 2003 hatte Barca einen Schuldenberg von über 160 Mio. Euro an-
gehäuft. Eine wirtschaftliche Konsolidierung erfolgte dann über eine Kooperation mit dem Ausrüster Nike durch eine weltweite Vermarktung des Klubs.
Im Zeitraum von 2005 bis 2009 wurde das Trikot des FC Barcelona weltweit
über 1 Million Mal verkauft. Drei Studien der Universität Navarra zufolge[34],
die zwischen 2009 und 2011 erstellt wurden, ist der FC Barcelona die be-
deutendste Medien-Marke im Weltfußball. Die Ausbreitung der "Marke FC
Barcelona" auf alle fünf Kontinente ist auch für den Tourismus in Katalonien
von immenser Bedeutung.

Die Einnahmen allein aus Fernsehgeldern mit 183,7 Mio. Euro in der Saison
2010/11 wurden von keinem anderen Verein weltweit erreicht. Der Ver-
marktungsbereich bringt Barca überdurchschnittliche Einnahmen von ca.
155 Mio. Euro. Obwohl die Einnahmen aus Vermarktung und TV-Geldern sicherlich in erster Linie durch die Profifußballsektion generiert werden, tragen
auch die beiden anderen Profisportsektionen zur Imagebildung und somit
zum Vermarktungserfolg der "Marke FC Barcelona" bei. Deshalb kann man
hier von einer sehr erfolgreichen horizontalen Diversifikation sprechen, weil
hier das Erfolgspotenzial auf direkter horizontaler Ebene identifiziert wird.

Während es sich bei den bisher vorgestellten "Produkten" um wirtschaftliche
Diversifikation handelte, so ist das Modell "Manchester United (ManU)" weitestgehend ein Investitionsmodell und als Diversifikation in Kapitalmarktanlagen zu betrachten.

In 2005 hat die US-Milliardärsfamilie Glazer "ManU" übernommen. Seither
wurde der Klub ähnlich wie ein Hedgefonds-Objekt betrachtet. So kam es,
dass im August 2012 auch der US-Starinvestor Soros in den britischen Klub
investierte. Allerdings ist bei diesem Invest die Risikodiversifikation sehr
volatil. Durch einen neuen 5-Jahresvertrag mit Nike konnte "ManU" einen
Ausrüstungsdeal über 350 Mio. Euro platzieren. Das Finanzmodell "ManU"
zeigt aber auch, dass allein die Diversifikation in Kapitalmarktanlagen nicht
den gewollten Erfolg bringt, da auch der Börsengang 2012 sehr mau verlief
und nicht die veranschlagte Summe einbrachte.

Alles in allem ist die "Produkt"-Diversifikation im Sportbusiness gegenüber
der Kapitalmarktdiversifikation wohl die zu bevorzugende Variante.

Neben diesen direkt mit den jeweiligen Sportunternehmen verbundenen
"Produkt- und Kapitalmarkt-Diversifikationen" gibt es noch weitere Modelle,
die sich insofern sehr unterscheiden, weil sie nicht in die jeweiligen Sportun-

---

[34] Francesc Pujol; Quique Gallemí, Universität Navarra (Hrsg.): "Resumen del informe anual
sobre el valor mediático del fútbol." Juli 2011.

ternehmen integriert sind, sondern sich in anderen Konstellationen Diversifikationen mit den Profifußballklubs verbinden.

Eine ganz andere Konstellation von horizontaler Diversifikation stellt das Modell "Red Bull" dar, und zwar hier nur bezogen auf den Profimannschaftssportbereich.

Unter dem Oberbegriff "Sponsoring" werden u.a. folgende Profisportmannschaften durch "Red Bull" marketingmäßig "gecoacht":

- ♦ Fußball: FC Red Bull Salzburg, Red Bull New York, RB Leipzig, Red Bull Futebol e Entretenimento Ltda., Campinas/Brasilien und "Red Bull Ghana".
- ♦ Eishockey: EC Red Bull Salzburg und EHC Red Bull München.

Zu diesem Konglomerat gehört auch noch die "Red-Bull-Arena" in New York.

Auch wenn Fußball-Traditionalisten, wie Dortmunds Watzke, das Projekt "RB Leipzig" despektierlich als "Rasenschach" bezeichnen, da die Red Bull GmbH angeblich zu viel Einfluss auf das operative Geschäft habe, so ist das Modell "Red Bull" in jedem Fall transparenter als andere (auch geplante) Investorenmodelle. Die Marketing- und Diversifizierungsphilosophie von "Red Bull" würde vielen Profifußballklubs sicherlich weiterhelfen können.

Neben dem reinen Marketingerfolgsfaktor zeigt aber auch eine solche stringente Diversifikation, was sich auf dem Markt- und Geschäftsfeld von Sportentertainment für wertschöpfende Möglichkeiten bieten. Allein das multinationale Konzept von "Red Bull" zeigt, welche enormen Entwicklungsmöglichkeiten sich über den Faktor Diversifikation für Sportunternehmen ergeben können und in welcher Vielfalt so etwas umgesetzt werden kann.

Als abschließendes Beispiel hier noch ein Modell aus den USA: Der Unternehmer Robert K. Kraft aus Massachusetts hat seine wirtschaftliche Diversifikation auf drei Säulen gestellt: Er ist Eigentümer der New England Patriots – Gewinner der amerikanischen Football-Meisterschaft, des Superbowl, 2001, 2003, 2004 – und der New England Revolution – einem Klub der MLS – Major League Soccer – (in der Saison 2013 Platz 3 der Eastern Conference)[35]. Weiter ist er Besitzer des in Foxboro, Massachusetts, beheimateten "Gillette Stadium", in dem beide Klubs ihre Heimspiele austragen. Im weitesten Sinne ist das Modell von Robert K. Kraft mit dem von Hannover 96 vergleichbar, indem auch dort Gesellschafter sowohl der Kapitalgesellschaft

---

[35] Die Major League Soccer (MLS) ist die höchste Spielklasse im US-amerikanischen und kanadischen Fußball. Die 19 Mannschaften sind in die zwei Conferences, Eastern und Western, aufgeteilt.

als Spielbetriebsgesellschaft der Profisektion und des Stadions "HDI-Arena"
die gleiche Person ist.

Die Ziele von Diversifikation

Zu einem Masterplan gehört natürlich auch, die Ziele zu definieren. Das Ziel einer Marke – auch einer Sportmarke – muss langfristiger und nachhaltiger Erfolg sein. Dieser Erfolg bedeutet insoweit mehr Umsatz, mehr Gewinn, mehr Intensität und mehr Intensivität.

Und so sollten beim Sport ebenfalls Ziele existieren, die über den rein sportlichen Erfolg hinausgehen. Jeder Klub, jedes Sportunternehmen und jede Liga müssen dabei auch das Ziel der Sicherung der wirtschaftlichen Existenz haben. Doch nicht immer ist bei Sportunternehmen das Ziel der bewussten Markenbildung und von markenbildenden Marketingstrategien tatsächlich erkennbar.

Daher ist es wichtig, sich die Ziele von Marken und Sport genauer anzusehen. Welche Ziele gehören zu den wichtigsten in der Koexistenz zwischen Marke und Sport?

Bei einem Unternehmen ist ein Ziel aus Sicht der Marke u.a. die Erhöhung der Bekanntheit des Unternehmens. Diese Bekanntheit wird nachhaltig gesteigert durch eine Produktdiversifizierung.

Bei einem Sportunternehmen sind die Ziele u.a. finanzielle Interessen und damit die Erhöhung der Attraktivität für andere Sponsoren (und ggf. auch einmal für Direktinvestoren – mit oder ohne 50+1). Das kann zwar gewährleistet werden durch die Erhöhung des sportlichen Leistungsniveaus, aber auch u.a. durch eine Diversifizierung über andere Profisportprodukte als Direktangebot, Kooperationen oder Vermarktungs- und Marketingpartnerschaften.

Grundlegende Zielsetzung hinter dem Aufbau einer starken und überzeugenden Marke ist die Rückführung der Korrelation von sportlichem und wirtschaftlichem Erfolg, oder anders ausgedrückt: die Verstetigung von sportlichem Erfolg und der ökonomischen Leistungsfähigkeit eines Fußballunternehmens. Zur Realisierung dieses Ziels kann eben auch eine systematisch verfolgte Diversifikationsstrategie beitragen.

Obwohl in anderen Wirtschaftssektoren derzeit ein klarer Trend zur Konzentration auf Kernkompetenzen bzw. Kerngeschäftsfelder erkennbar ist, stellt eine konsequente Diversifikation für Fußballunternehmen neben dem Aufbau einer leistungsstarken Marke die einzige Alternative dar, um den Geschäftsverlauf unabhängiger vom sportlichen Erfolg zu machen und dadurch die Planungssicherheit für die zukünftige wirtschaftliche und sportliche Entwicklung zu erhöhen.

Die bisherigen Diversifikationsbemühungen der Bundesligavereine zeigen jedoch, dass sie sich nicht trauen, sich allzu weit vom Kerngeschäft Fußball zu entfernen, um innovative Geschäftsfelder zu erschließen.

Um erfolgsträchtig zu diversifizieren, müssen neue Geschäftsfelder eine gewisse Affinität zum Fußball- oder Sportbusiness aufweisen. Nur dann können die Marke und das Know-how des Fußballunternehmens zur nachhaltigen Erlös- und Renditegenerierung in den neuen Geschäftsfeldern eingesetzt werden.

Komplementarität zwischen neuen und traditionellen Geschäftsfeldern können insbesondere die Kombinationen von Profifußball und weiteren, äußerst medien- und zuschauerwirksamen Profisportsektionen bieten.

Entscheidet sich also ein Fußballunternehmen für die Betätigung in einem profisportaffinen Geschäftsfeld, kann es unter Umständen empfehlenswert sein, den Aufbau des Geschäftsfeldes zusammen mit Kooperationspartnern anzugehen. Die Verschmelzung von fußballerischer Erfahrung und externer Sportbranchenexpertise des jeweiligen Partners dürfte eine solide Basis schaffen, um die Diversifikationsbestrebungen eines Fußballklubs langfristig zum Erfolg werden zu lassen.

In diesem Zusammenhang kann man sehen, dass eine solche Diversifizierung auch ein professionelles Corporate Branding voraussetzt. Als Dachmarkenstrategie korrespondiert ein erfolgreiches Corporate Branding mit den gemeinsamen Zielen, nämlich dem sportlichem Erfolg aller Profisportsektionen.

Der alte Weg – Traditionsverein

Bei den meisten Bundesligavereinen stützt sich fast alles noch auf Tradition, wie sich am Beispiel von Hannover 96 zeigt. Als eingetragener Verein war Hannover 96 in den 1950er bis 1960er Jahren ein durchaus diversifizierter Sportverein. Neben der erfolgreichen Fußballabteilung mit dem Gewinn der Deutschen Fußballmeisterschaft 1954 war auch die Leichtathletikabteilung eine der erfolgreichsten in Deutschland.

Der Sprinter Walter Mahlendorf wurde mit der 4-mal-100-Meter Staffel 1958 Europameister und 1960 Olympiasieger. Hinrich John wurde 1966 Vizeeuropameister über 110-Meter-Hürden und holte daneben fünf Titel bei den Deutschen Meisterschaften. Die Sprintstaffel der Damen von Hannover 96 holte 1958, 1963 und 1964 jeweils den Titel bei den Deutschen Meisterschaften. Mitglied dieser Staffel bei allen drei Titeln war Erika Fisch. Auch Liesel Westermann war Mitglied der Staffel und holte zudem 1966 und 1967 auch noch den Deutschen Meistertitel im Diskuswerfen.

Doch diese erfolgreiche Zeit ist schon sehr lange vorbei. Insoweit hat es keine erfolgreiche Diversifizierung in andere Sportbereiche mehr gegeben. Zwar gab es in den 2000er Jahren einen Versuch mit einer Damen-Tischtennis-Abteilung, die 2008 in die 1. Bundesliga auf- und zwei Jahre später wieder abstieg. In der Saison 2010/11 zog der Verein die Mannschaft aus finanziellen Gründen zurück, obwohl sie nochmals Meister in der 2. Bundesliga wurde.

Seit diesem Zeitpunkt hat es auch keine professionellen Anstrengungen zur Diversifizierung mehr bei Hannover 96 gegeben. Der Hannoversche Sportverein (HSV) von 1896 e. V. hat jedoch noch ein traditionelles Breitensportangebot, das die Sparten Fußball, Leichtathletik, Gymnastik, Badminton, Tennis, Tischtennis, Billard und Triathlon umfasst.

Die Profifußballmannschaft wurde am 20. Dezember 1999 aus dem Hauptverein in die Hannover 96 GmbH & Co. KGaA ausgegliedert. Der Verein kontrolliert nach den Bestimmungen des DFB (§ 16c Abs. 2 der DFB-Satzung, sog. 50+1-Regel) noch die KGaA, und zwar voraussichtlich noch bis 2018. Danach wäre dann der "Alte Weg", die "Vereins"-Tradition, für den Profibereich beendet.

Der neue Weg – Sportunternehmen

Mit einem Masterplan sollte man auf jeden Fall den Weg in die Zukunft als Sportunternehmen aufzeigen können. Karl-Heinz Rummenigge fordert eine bessere Auslandsvermarktung. "Wir müssen vor die Tür nach Amerika und Asien", oder: "Wir müssen unseren Fußball weltweit vor Ort verkaufen."

Die Märkte für Fußballunternehmen liegen nicht mehr nur in Deutschland und Europa. Die Märkte für die Vermarktung und für TV-Gelder sind global, und zwar auf allen Kontinenten.

Die Bundesliga, als Premiumprodukt, nimmt entgegen den anderen großen Ligen in Europa lediglich 70 Mio. Euro aus Auslands-TV-Rechten ein. Die englische Premier League erlöst auf diese Weise rund 560 Mio. Euro. Allein bei Arsenal London kommt ein erheblicher Anteil der TV-Einnahmen aus den Auslands-TV-Rechten. Hier fällt besonders die TV-Kooperation mit dem Kabelkanal Yankee Entertainments and Sports Network (YES), der die TV-Vermarktung von Arsenal in Nord- und Mittelamerika übernommen hat, ins Gewicht.

Wenn man sich die Daten und Fakten anschaut, die das internationale Marktpotenzial darstellen, so wird man feststellen, welchen Hintergrund die Aussagen von Rummenigge haben: Die gesamte Fußball-WM 2010 hat weltweit insgesamt 26,29 Mrd. Zuschauer erreicht. Bei der WM 2014 dürfte diese Zahl noch einmal übertroffen wurden sein.

Und aufgrund eines solchen Marktpotenzials dehnen die Fußballklubs inzwischen ihren Aktionsradius über das eigene Heimatland hinweg aus. Prominente Beispiele hierfür sind Real Madrid und Manchester United, die sich seit langem weltweit engagieren. So wurden die Einnahmen von Real Madrid aus Gastspielreisen nach Amerika und Asien bereits im Jahr 2005 auf dreißig Mio. Euro geschätzt, Manchester United soll im gleichen Jahr für seine Japanreise Einnahmen in Höhe von zehn Mio. Euro erzielt haben. Damit sind in der Regel zusätzlich bedeutende Einnahmen aus dem Verkauf von Merchandise-Artikeln oder Fernsehrechten verbunden.

Nach einem Artikel in der HAZ vom 18.01.2014 gibt es in den USA gerade einen Indoor-Beergarden-Boom, durch den "German Gemütlichkeit" transportiert wird. Dazu zählt auch, dass dort Bundesliga-Fußball übertragen wird und die "Kneipen" zu diesen Ereignissen gerappelt voll sind. Nun geht man landläufig davon aus, dass die Amerikaner mit Fußball nichts anfangen können, was aber nachweislich nicht stimmt. In den USA spielen mehr als 20 Mio. Menschen Fußball (in Deutschland sind es 6,4 Mio.). Das ist also ein sehr beträchtlicher Markt. Dazu kommt das enorme Interesse, das die amerikanischen Fußballfans an den Spielen der letzten WM hatten. Sie stellten bei den Spielen des US-Teams regelmäßig den größten Zuschauerblock.

Nun bietet gerade der WM-Titel 2014 für den deutschen Fußball die einmalige Chance, die internationale Vermarktung voranzutreiben. Aber erkennt man in der Bundesliga im Allgemeinen und bei Hannover 96 im Speziellen überhaupt solche Chancen?

Bezeichnend dafür, wie man bei Hannover 96 mit dem Thema "internationale Märkte" umgeht, ist ein Interview mit Nek Capric, dem damaligen Marketingleiter von Hannover 96, in der HAZ Nr. 19 vom 23.01.2014, das unter dem Titel "Märkte sind für uns nicht greifbar", erschienen ist. Dort antwortete er u.a. auf die Frage, ob sich auch für Hannover 96 demnächst die Tür zu den Märkten in Asien und Amerika öffnen wird, *"[...] Diese Märkte sind für uns schwer zu greifen [...]."* Und weiter auf die Frage nach den Aktivitäten u.a. auf dem amerikanischen Markt: *"Da gibt es überhaupt keine messbaren Zahlen [...]."* Vor diesem Hintergrund betrachtet, müssen wir leider feststellen, dass eine solche Aussage provinziell und unprofessionell ist. Es zeigt, dass man offensichtlich noch nicht in der Lage ist, hier das Potential zu erkennen, geschweige denn zu erschließen. Einer der vielschichtigen Gründe hierfür ist, dass bisher jegliche Marketingstrategien zur Internationalisierung fehlen. Offensichtlich fällt dieses bisher dort noch unter den Begriff "Strategiefasten". Das sollte man mit Weitblick in die Zukunft so schnell wie möglich beenden und Wege finden, wie man aktiv und kreativ am Wettbewerb um Ideen und Innovationen teilnehmen kann.

Eine systematische Recherche der relevanten Medien und Onlineportale im Sportmanagement und verwandten Bereichen (z.B. allgemeines Management und Marketing, Sportsoziologie und Sportgeschichte) ergab zwar, dass derzeit kein allgemeiner Gesamtrahmen existiert, mit dessen Hilfe die Internationalisierung im Fußball aus einem theoriegeleiteten, ganzheitlichen Blickwinkel erklärt werden kann. Dennoch lassen sich diverse Ansätze zu Einzelaspekten finden.

Als Beitrag zum 8th International Congress Marketing Trends im Januar 2009 in Paris wurde von Dipl.-Kfm. Pascal C. von Overloop und Prof. Dr. Arnold Hermanns von der Universität der Bundeswehr – Fakultät für Wirtschafts- und Organisationswissenschaften in Neubiberg – eine Ausarbeitung unter dem Titel "Internationalisierung professioneller Fußballclubs – Theoretische Fundierung und praktische Vorgehensweise auf strategischer Ebene" als Call for Papers veröffentlicht. Dort wird u.a. ausgeführt:

"Es überrascht daher nicht, dass in einer Studie von Wolf (2007) alle der befragten Erstligisten in den europäischen Kernmärkten (Deutschland, England, Frankreich, Italien, Spanien) sich des Potentials der Internationalisierung der eigenen Geschäftstätigkeiten bewusst sind. 40% jener Clubs sind bereits international tätig, 28,6% planen dies für die nahe Zukunft. Obwohl 62,5% dabei eine Strategie verfolgen, ist diese nur bei der Hälfte schriftlich fixiert."

Somit kann weiterhin festgehalten werden, dass die Internationalisierung von Fußballklubs einer strategischeren Ausrichtung bedarf.

Ferner stellen van Overloop und Hermanns fest: Im Rahmen von Wettbewerbsstrategien nach Porter (1980) ermöglicht die Internationalisierung die Erreichung der zwei wesentlichen Wettbewerbsvorteile von Differenzierung und/oder Kostenführerschaft: Differenzierungsvorteile lassen sich bspw. durch Imageverbesserungen aufgrund von positiven Rückkopplungen zwischen den Aktivitäten auf den verschiedenen Ländermärkten erreichen. Des Weiteren trägt Internationalisierung zu zusätzlichem Wachstum bei und lässt Größen- und Verbundvorteile entstehen.

Kostenvorteile lassen sich hingegen nach unserer Auffassung zunächst nicht eindeutig identifizieren. Da aber im professionellen Fußballsport insbesondere Umsatzmaximierungen zum langfristigen sportlichen Erfolg beitragen, kann die Bedeutung der Internationalisierung überwiegend in der Erreichung der genannten Differenzierungsvorteile gesehen werden.

Einen wichtigen Erfolgsbeitrag leistet die Internationalisierung auch im Rahmen von Kooperationsstrategien. Neben der Ausweitung der Anzahl potentieller Kooperationspartner aufgrund des größeren Aktionskreises können internationale Kooperationen als eines von mehreren möglichen Mitteln zum Ausgleich des Wettbewerbsdrucks, der mit der Globalisierung einhergeht, dienen. Zugleich erlauben internationale Kooperationen den Zugang zu zusätzlichen Ressourcen (z.B. Finanzmittel, Lizenzen und Know-how) und erleichtern somit den Zugang zu neuen Märkten. Aus der Zusammenarbeit mit Partnern ergeben sich neben dem Ressourcenzugang auch Verbundvorteile, die die angestrebten Wachstumsstrategien unterstützen.

Starke Vereinsmarken definieren sich u.a. auch über diversifizierte Attribute, die sie in die Lage versetzen können, zentrale Einnahmequellen zu einem guten Teil unabhängig vom kurzfristigen sportlichen Erfolg zu erschließen. Eine Abhängigkeit von der relativen sportlichen Volatilität lässt sich dadurch spürbar reduzieren.

Ein Blick auf die Gesamtheit der Klubs der Bundesliga zeigt aber, dass das Instrument "Marke" noch sehr unterschiedlich gehandhabt wird. Die Fußballstudie 2014 von Woisetschläger, Backhaus, Dreibach, Schnöring, Technische Universität Braunschweig[36], kommt zu dem Ergebnis, dass manche Vereine bereits strategisches Markenmanagement initiiert und erfolgreich umgesetzt haben. Dagegen seien die Bemühungen anderer Vereine hinsichtlich des Markenaufbaus und der Kommunikation eines konsistenten Markenimage wiederum als fragmentarisch zu bezeichnen.

Um zu erkennen, welches Potenzial hinter einer solchen Aussage steht, sollte man sich einmal die Einnahmequellen der Fußball-Erstligisten 2012/13 anschauen.

---

[36] David Woisetschläger, Christof Backhaus, Jan Dreisbach und Marc Schnöring: "Fußballstudie 2014 – Die Markenlandschaft der Fußball-Bundesliga". Institut für Automobilwirtschaft und industrielle Produktion, Technische Universität Braunschweig.

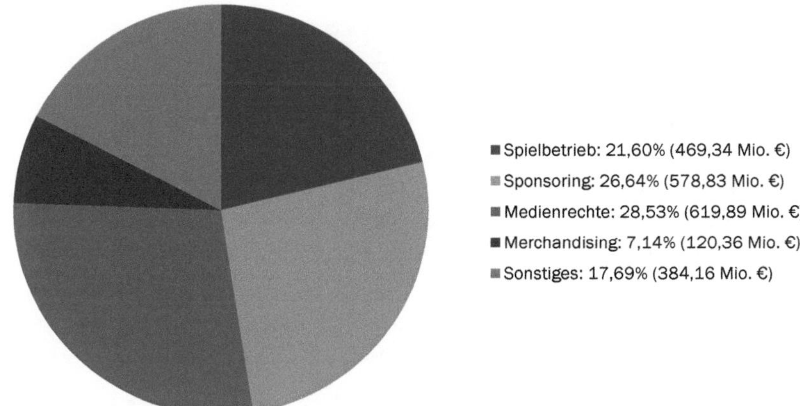

Einnahmequellen der Fußball-Erstligisten 2012/13[37]

Es ist zu erkennen, dass der reine Spielbetrieb, also Ticketing, nur rund ein Fünftel (bezogen auf den Durchschnitt der Erstligisten) der Einnahmequellen ausmacht. Wie bereits erwähnt, sind in diesem Bereich aufgrund des sehr hohen Zuschauerschnitts kaum noch Entwicklungen nach oben möglich. Auch über den Faktor Preis werden hier keine übermäßigen Umsätze mehr zu erzielen sein. D. h., die wirtschaftlichen Erfolgsfaktoren für Umsatzsteigerungen liegen eindeutig außerhalb des Spielbetriebs. Wenn man sich aus Sicht von Hannover 96 die Markenlandschaft der Bundesliga anschaut, so ist diese Perspektive zurzeit noch nicht sehr erfreulich.

---

[37] David Woisetschläger, Christof Backhaus, Jan Dreisbach und Marc Schnöring: "Fußball-studie 2014 – Die Markenlandschaft der Fußball-Bundesliga". Institut für Automobilwirtschaft und industrielle Produktion, Technische Universität Braunschweig. Abbildung 1: Einnahmequellen der Fußball-Erstligisten 2012/2013

Rang	Verein	Markenindex		$\triangle$*
1	Borussia Dortmund	66,90	– 3,63	± 0
2	FC Schalke 04	59,16	+ 5,48	+ 2
3	FC Bayern München	57,60	– 1,24	– 1
4	Bor. Mönchengladbach	55,51	+ 4,56	+ 4
5	FC St. Pauli	53,24	– 1,86	– 2
6	Werder Bremen	52,34	+ 1,40	+ 3
7	1. FSV Mainz 05	50,84	+ 3,06	+ 8
8	Bayer 04 Leverkusen	50,62	– 2,69	– 3
9	1. FC Köln	50,21	+ 1,43	+ 3
10	1. FC Kaiserslautern	49,94	+ 4,14	+ 6
11	SC Freiburg	49,68	– 1,04	– 1
12	Hamburger SV	48,85	– 3,41	– 6
13	1. FC Nürnberg	48,44	– 0,99	– 2
14	VfB Stuttgart	48,25	– 2,84	– 7
15	Eintracht Frankfurt	47,89	– 0,03	– 1
16	Eintracht Braunschweig	47,62	+ 2,76	+ 2
17	FC Augsburg	47,55	+ 8,37	+ 5
18	Hannover 96	47,40	– 1,22	– 5
19	Hertha BSC	45,42	+ 1,76	± 0
20	Fortuna Düsseldorf	44,56	+ 2,50	± 0

Markenindex Fußball-Bundesligisten[38]

Rang 18 in der unteren Hälfte der Tabelle (Veränderung gegenüber 2013 minus 5) kann nicht der Anspruch von Hannover 96 als Sportunternehmen und Marke sein. Wenn man berücksichtigt, dass Eintracht Braunschweig mit Rang 16 gegenüber der letzten Erhebung gleich 2 Plätze gutgemacht hat, so kann man durchaus sarkastisch feststellen, dass Hannover 96 auch hier dem BTSV Eintracht unterlegen ist. Nur der HSV (-6) und der VfB Stuttgart (-7) haben mehr Plätze im Ranking verloren als Hannover 96, was letztlich auch bestätigt, dass dort die Generation "Direktor" wirkt (vgl. hierzu auch Kapitel "Generation 'Direktor'").

Mit dem Markenwert verbinden sich u.a. auch positive Assoziationen, die es einem Unternehmen möglich machen, mehr Geld für das eigene Produkt zu bekommen. Für jedes Wirtschaftsunternehmen ist daher die Zielsetzung,

---

[38] David Woisetschläger, Christof Backhaus, Jan Dreisbach und Marc Schnöring: "Fußball-studie 2014 – Die Markenlandschaft der Fußball-Bundesliga". Institut für Automobilwirt-schaft und industrielle Produktion, Technische Universität Braunschweig. Tab 2: Vereins-marketing der Fußballstudie 2014.

den Wert der Marke und damit auch die wirtschaftliche Basis zu verbessern. Hannover 96 hat 2010/11 und 2011/12 in der UEFA Europa League gespielt. Es sollte und ist auch der Anspruch des Präsidenten von Hannover 96, Martin Kind, dass man dort wieder hinkommt. Wir denken sogar, dass das auch nur der Zwischenschritt zu höheren Ansprüchen, nämlich Champions-League, sein muss. Aber hierfür müssen die wirtschaftlichen Voraussetzungen geschaffen werden. Und das ist in erster Linie zu realisieren, wenn man wirtschaftlich die Marke so stark macht, dass damit auch die Voraussetzungen für sportlichen Erfolg geschaffen werden können. In der Wahrnehmung der Markenaktivitäten von Hannover 96 stellen wir fest, dass das Investitionsbestreben in den kurzfristigen Erfolg und die Bewältigung des Tagesgeschäftes nahezu sämtliche Vereinsressourcen in Anspruch nimmt. Das führt auch zu einer inkonsistenten Markenwahrnehmung.

Neben den Markenaktivitäten eines Fußballunternehmens geht es aber auch um die wirtschaftlichen Kompetenzen und damit verbunden um die Optimierung der Wertschöpfungskette und die Gestaltung einer ausgewogenen Erlösstruktur mit vielfältigen Erlösquellen. Hierzu gehören nun einmal auch strategische Überlegungen zur Diversifikation.

Die Visionen, wie man hierfür kreative und innovative Konzepte entwickeln kann, werden wir in den nachfolgenden Kapiteln vorstellen.

Diversifikation – wie, wo, was?

Der Weg zur Diversifikation ist ein rein strategischer, der sehr viele Parameter implementiert. Dazu werden hier beispielhaft einige theoretische Ansätze und Möglichkeiten dargestellt: Strukturelle Profi- oder Semiprofisportbereiche – Beteiligung, Kooperation, Partnerschaften, Co-branding, Vermarktung, Rechte und Lizenzen etc.

Bei strategischen Überlegungen können auch Faktoren mit einbezogen werden, die zunächst abseits der sogenannten "Kernfaktoren Mannschaftssportarten" liegen und die landläufig auch nicht unbedingt mit einem Profifußballklub in Zusammenhang gebracht werden. Hierzu könnten z.B. Wintersportarten zählen. Bei näherer Betrachtung wird man feststellen, dass sich hier Aspekte zeigen, die nicht ganz unbeachtet bleiben sollten.

So sind gerade die Wintersportarten inzwischen enorme TV-, medien- und werbewirksame Ereignisse. Und zum anderen werden diese Sportarten ja auch z. T. in der fußballlosen Zeit, in der Winterpause, ausgetragen, was mithin einen gewissen Kompensationseffekt auf verschiedenen Ebenen ergeben könnte.

Man muss an dieser Stelle sicherlich differenzieren, zumal Wintersport sich i.d.R. in anderen Regionen abspielt. Aber wenn man den erweiterten Regionalbereich um Hannover betrachtet, so gibt es dort äußerst erfolgreiche Vereine und Verbände, die den sehr zuschauer- und medienträchtigen Biathlonsport auch nach Niedersachsen gebracht haben.

Der WSV Clausthal-Zellerfeld stellte mit Franziska Hildebrandt und Arnd Peiffer zwei Teilnehmer für das Biathlon-Team der olympischen Winterspiele 2014 in Sotchi. Beide Athleten sind seit einigen Jahren sehr erfolgreich bei nationalen und internationalen Wettbewerben angetreten.

Neben dem WSV Clausthal-Zellerfeld stellte der SC Buntenbock mit Daniel Böhm einen Biathleten für die Winterolympiade 2014. Im Wintersport sind nicht nur die Vereine in die Nachwuchs- und Athletenausbildung involviert. Diese findet immer in einer sehr engen, verzahnten und übergreifenden Kooperation mit den jeweiligen Verbänden auf Landes- und Bundesebene statt.

Auf der Landesebene ist das der Niedersächsische Skiverband e.V. (NSV). Der NSV betreibt das Landesleistungszentrum (LLZ) Sonnenberg im Oberharz mit Beschneiungsanlage und ein Skiinternat als Bundesleistungszentrum für die Nachwuchsförderung.

Präsident des NSV ist Walter Lampe, ehemaliger Bürgermeister der Samtgemeinde Oberharz und im Jahr 1970 selbst Deutscher Meister im Spezialsprunglauf und Mitglied der Skisprung-Nationalmannschaft. Er ist außerdem Mitglied des Aufsichtsrates der DSV Leistungssport GmbH.

Biathlon ist weltweit inzwischen die Wintersportart mit dem größten Zuschauer- und Medieninteresse und insoweit sind die Veranstaltungen jeweils ein großes Event mit enormen Werbe- und Sponsorenpotenzial und einer erheblichen touristischen Wirkung. Deshalb könnten hier Event- und Veranstaltungspartnerschaften und Kooperationen bis hin zu gemeinsamen Vermarktungs- und Werbe-/Sponsorenplattformen sehr viele Ansätze für Diversifikationsstrategien bieten, die gerade für die Ausrichtung einer Regionalmarke sehr viel Potenzial in alle Richtungen bieten könnten. Insbesondere das Alleinstellungsmerkmal Profifußball und Wintersport/Biathlon wäre hier schon für die Imagebildung ein absoluter Ankerpunkt. Auch technische Diversifikation könnte sich erschließen durch Kooperation in der Trainingsmethodik, u.a. im Koordinations- und Athletikbereich.

Natürlich muss es auch Überlegungen zu globaler Diversifikation geben. Hierzu wurden bereits dezidierte Ausführungen gemacht. Diese Überlegungen sollen an dieser Stelle nicht auf alle möglichen Märkte und Segmente ausgedehnt werden. Explizit soll hier noch einmal auf den US-Markt eingegangen werden, da die Autoren über mehr als 30-jährige USA-Erfahrung verfügen.

Auch wenn für den damaligen Marketingleiter von Hannover 96 – Capric – nach eigener Einlassung aus Amerika "nur einige Rückmeldungen" vorliegen, so zeigt dieses nur allzu gut, dass man sich mit diesem Markt überhaupt noch nicht beschäftigt hat. Wir haben an anderer Stelle schon das tatsächliche Marktpotenzial und insbesondere die Zukunftsaussichten hinsichtlich des enorm wachsenden Interesses an der Fußball-Bundesliga angeführt.

Nun ist der amerikanische Profisportmarkt in Bezug auf Kommerzialisierung und Vermarktung demjenigen in Europa und vor allem dem in Deutschland meilenweit voraus. Das bedeutet auch: Von den Amerikanern lernen heißt von den Besten lernen, nach der Methode "best practice".

Eine solche Aussage ist nun sicherlich nicht für jedermann ein Credo und wird daher von vielen auch sehr kritisch und zwiespältig betrachtet. Doch wir haben im täglichen Leben mehr "Amerikanismen" in uns, als es sich auch die Kritiker eingestehen wollen. Und auch in Fußballstadien, die inzwischen Arenen heißen, essen wir "Fast-Food", "Burger" und "Hot Dogs", trinken "Coke" oder Bier von Anheuser-Busch InBev. Wir sprechen von "Ticketing", haben "VIP (Very Important Persons)-Areas", die Fußballveranstaltungen sind "Events", Fußball ist "Entertainment" usw., usw.

Man kann hier die konservative Zurückhaltung ruhig aufgeben und einmal offensiv die Diversifikationen anschauen, die sich auf dem US-Markt bieten könnten, zumal Hannover 96 selbst das große Glück hat, mit dem ehemaligen US-Nationalspieler Steven Cherundolo ein Aushängeschild und einen hervorragenden Repräsentanten des amerikanischen Fußballs in den eigenen Reihen zu haben.

Welche Möglichkeiten bietet u.a. der US-Markt einem deutschen Profifußball-Unternehmen?

- ◆ Überzeugende Story für den Zugang zum weiteren Spektrum der alternativen Finanzierungsinstrumente des Kapitalmarktes.
- ◆ Diversifikation in fußballaffine Geschäftsfelder.
- ◆ Einen erheblichen Absatzmarkt für Merchandising und Lizenzen.
- ◆ Internationales Top-Branding.
- ◆ Kooperationsplattformen für Sponsoren-, Werbepartner-, Marketing- und Vermarktungsstrategien.
- ◆ Medienpartnerschaften und Medienrechtevermarktung (Ausland).

Wer kommt hierfür im US-Profisportmarkt infrage? Zunächst denken wir für Kooperationen vorrangig an Klubs aus den "big four"-Ligen, die ein sehr hohes Kooperationspotenzial für Vermarktungspartnerschaften bieten, insbesondere dadurch, dass bei diesen Klubs gerade Merchandising am weitesten ausgeprägt ist, schon wegen der traditionellen "Basecaps".

Wo könnte man nun einen Ansatz finden?

Wir hatten ja bereits an anderer Stelle einmal ausgeführt, dass es mit Robert K. Kraft in Massachusetts einen Klubeigner gibt, der im weitesten Sinne ähnlich der Verhältnisse bei Hannover 96 auch gleichzeitig Eigentümer eines Stadions ist. Da er neben dem NFL-Team "New England Patriots" auch Eigentümer des MLS-Teams "New England Revolutions" ist, besteht hier auch ein direkter Bezug zum Profifußballgeschäft.

Eine solche Konstellation könnte ein Ansatz sein, eine Verbindung und einen Einstieg in den US-Markt zu wagen. Und wie eine solche "Partnerschaft" aussehen kann, haben wir ja bereits am Beispiel Real Madrid/Real Salt Lake gezeigt.

Das sind sicherlich nur visionäre Denkansätze und Ideenfragmente, die einmal zeigen sollten, WIE, WO und WAS mit Diversifikation und Kooperationsstrategien möglich sein könnte. Damit sollte auch dargestellt werden, wie man unkonventionell und doch pragmatisch Dinge betrachten kann, die sich dann als Grundlage für weitergehende Überlegungen und Vorgehensweisen heranziehen lassen.

Lohnt es sich nicht für die Zukunft der Bundesliga und für die Zukunft in der der Bundesliga auch über Visionen nachzudenken?

Standortmarketing – Wirtschaftsfaktor Bundesliga

"Hannover war in der Weltliga" – so die Überschrift eines Beitrages in der Hannoverschen Allgemeinen Zeitung (HAZ) am 28. Mai 2014 zu einem Interview mit Martin Roth, ehemaliger Leiter des Ausstellungsbereiches der Expo 2000 in Hannover.

Dieser Satz steht leider in der Vergangenheitsform und bezieht sich darauf, dass Hannover wegen fehlender rechtzeitiger Planungen für nachhaltige Nachnutzung nicht von der Expo 2000 profitiert hat.

"Bis heute bedauere ich, dass der damalige Oberbürgermeister nicht im Geringsten verstanden hat, die historische Chance zu nutzen. Ein Trauerspiel.", so Martin Roth in dem Interview weiter.

"Hannover war in der UEFA Europa League" – so lautet die Fortsetzung der Geschichte. Und das steht ebenfalls in der Vergangenheitsform und bezieht sich auf die wunderbare Tatsache, dass Hannover 96 in der Saison 2011/12 und der Saison 2012/13 in der UEFA Europa League spielte.

Was für wunderbare Aussagen, wenn sie doch im Präsens stehen würden!

Aber beide Ereignisse sind Vergangenheit und somit auch so nicht mehr als Botschaftsträger für das Instrument Standortmarketing verwendbar. Die "Weltliga" wird es so auch nicht mehr geben. Das Erreichen der Europa League ist noch einmal möglich, aber zurzeit nicht real greifbar.

Aber was bedeuten diese beiden Aussagen nun für eine Stadt?

Da die Expo seit 14 Jahren Geschichte ist und das hier Versäumte für Hannover nicht nachholbar ist, bleibt nur, die Auswirkungen der Bundesliga auf das Stadtmarketing und die daraus resultierenden ökonomischen Effekte einmal zu untersuchen.

Die Unternehmensberatung "McKinsey & Company" und die DFL haben in einer gemeinsamen Studie den Wirtschaftsfaktor Profifußball in Deutschland untersucht. Danach schaffen die zwei höchsten Spielklassen 120.000 Arbeitsplätze mit 70.000 Vollzeitplätzen und erwirtschaften pro Jahr einen Umsatz von 5,1 Mrd. Euro. Der Bundesliga-Fußball trägt mit mehr als fünf Mrd. Euro zur volkswirtschaftlichen Wertschöpfung bei und bringt dem Staat und den Kommunen Netto-Einnahmen von 1,5 Mrd. Euro. Dagegen stehen allerdings mehr als 200 Mio. Euro Ausgaben des Staates für Polizeieinsätze.

Erfasst wurden dabei neben den Umsätzen der Vereine und Lizenzen auch die Wertschöpfung durch Hotels, Restaurants, Logistikunternehmen und Dienstleistungen sowie die Wertschöpfung in den Kommunen.

Die ökonomische Bedeutung für eine Region wird am Beispiel Hamburg deutlich. Wenn der HSV abgestiegen wäre, so hat das Hamburgische Weltwirtschaftsinstitut (HWWI)[39] errechnet, wäre der Einkommens- und Beschäftigungseffekt, den der HSV für die Hansestadt erbringt, von derzeit rund 100 Mio. Euro um ca. 40 Prozent zurückgegangen. Es würden Einnahmen in den Bereichen Shoppen, Übernachten, Fahrkarten, Restaurants ausfallen. Nicht beziffert werden kann dabei die Wirkung der Standortfaktoren wie Bekanntheitsgrad der Stadt, Image und Vermarktungspotenzial. *"Allein das Auftauchen in der Erstliga-Tabelle, die weltweit in Sportmedien und -foren verbreitet wird, verschafft dem Namen Hamburg international eine kostenlose und eigentlich unbezahlbare mediale Präsenz"*, stellt der Sportökonom Henning Vöpel vom HWWI fest.

Das "Institute for Sports, Business and Society" der EBS-Universität für Wirtschaft und Recht in Oestrich-Winkel hat in einer aktuellen Studie am Beispiel der Stadt Wolfsburg und zuvor schon für Leverkusen untersucht, wie der wirtschaftliche Effekt für einzelne Bundesligastandorte sein kann. Es kommt zu dem Ergebnis, dass nicht nur den Vereinen die Zuschauer als Einnahmequelle dienen, auch den Städten, die durch den Konsum vor allem der von auswärts angereisten Fans deutlich profitieren können.

Das waren in Wolfsburg in der letzten Saison etwa zehn Mio., in Leverkusen sprechen wir von etwa 15 Mio. Euro pro Jahr, weil die Fans mit dem Stadionbesuch vielfältige andere Freizeitaktivitäten verbinden und von diesen die Stadt und das ganze Umfeld profitiert.

Diese Mehreinnahmen bedeuten für die Städte auch nach Abzug aller Ausgaben, die beispielsweise durch erhöhte Bedürfnisse bei den öffentlichen Verkehrsmitteln entstehen, ein deutliches Plus. Wenn man die Steuereinnahmen, die durch den Verein generiert werden, den Kosten, die für die Stadt entstehen, gegenüberstellt, und das wurde für Leverkusen gemacht, ergibt sich für die Stadt ein Positivsaldo von 4,6 Mio. im Jahr.

"Die weltweit beste, nachhaltigste und preisgünstigste Werbung für eine Stadt wäre, wenn der Fußballverein die Fußball-Champions-League gewinnen würde!" Das sagte einmal der ehemalige Chef der Hamburg Marketing GmbH Hairolf Wenzler.

---

[39] Henning Vöpel, Max Steinhardt: "Wirtschaftsfaktor Fußball Globale Entwicklungen und die regionalwirtschaftlichen Potenziale des HSV". Studie im Auftrag der HSH Nordbank AG.

Die Stadt Paderborn erwartet vom Bundesligaaufstieg einen erheblichen Imagezuwachs für die Darstellung als weltweiter HighTech-Standort.

Nach einer Schätzung bringen allein die Fans der Gästemannschaften von Hannover 96 ca. 40 Mio. Euro pro Saison in die Stadt. Für das Marketing ist Hannover 96 eine Sensation, sagte Hannovers Oberbürgermeister Stefan Schostok auf einer Veranstaltung am 12.12.2013.

Umso trauriger ist es, dass man in Hannover mit diesen "Geschenken" nicht umgehen kann. Erst verdaddelt man die Chance, durch die Expo 2000 weiterhin nachhaltig in der "Weltliga" mitzuspielen, und nun verspielt Hannover 96 die Chance weiter in der Europa League zu spielen.

Martin Kind hat in einem Interview für die Niedersächsische Wirtschaft, Ausgabe Juni 2014, festgestellt:

> *"Hannover war in den vergangenen Jahren eine erfolgreiche Sportstadt mit Hannover 96 in der ersten Bundesliga, den Hannover Scorpions, die im Eishockey sogar Deutscher Meister waren, und dann der unglaublich erfolgreichen Entwicklung von Hannover-Burgdorf (Der Verein spielte ebenfalls im europäischen Wettbewerb) im Handball. Wir hatten drei Erstligisten, außerdem Zweitligisten, die USC Tigers im Basketball etwa. Es ist aber nicht gelungen, diese erfolgreiche Entwicklung im Sinne des Standortmarketing zu erhalten und darüber hinaus die Finanzierung von Spitzensport hier in der Region sicherzustellen. Das ist schon eine besondere Situation, dass es hier attraktive Sportangebote gibt, aber die Finanzierung nur wenigen überlassen wird."*

Nun muss man feststellen, dass sich diese Aussagen grundsätzlich auf eine regionale Vermarktungsstrategie von Hannover 96 beziehen. Aber das ist das grundsätzliche Problem. Es fehlt sowohl für die Stadt Hannover als auch für das Profifußballunternehmen die Einsicht, dass regional auch provinziell assoziiert. Und das ist keine Weitsicht. Wenn also die Wirtschaftskraft in der Region selbst nicht vorhanden ist, dann muss man eben, jedenfalls als überregionaler Fußballverein, Kapital und Finanzkraft dort suchen, wo sie sich befindet, nämlich in der globalen Wirtschaft. So kann man erfolgreich zum Standortmarketing und zur Strahlkraft der Landeshauptstadt beitragen. Hier muss man also Leadership übernehmen und Visionen entwickeln, Wege suchen und Strategien erarbeiten und nicht nur lamentieren über Sinn oder Notwendigkeit von Privatsponsorship im Leistungssport. Ein Fußballunternehmen sollte in der Lage sein, sich so zu positionieren, wie es die wenigen verbliebenen überregionalen Marken der Region auch tun.

Aber so kommt man immer wieder zu Harald Schmidt, der in Hannover stets das Provinzielle sieht. Kommt Hannover über das "Harald-Schmidt-Image" jemals hinaus? Einige Kostproben:

> *WM 2006 – "Die Fußballweltmeisterschaft, liebe Hannoveraner, das ist wie eine Expo – nur mit Besuchern."*
> *"Die CeBit wurde eröffnet. Es sind dieses Jahr deutlich weniger Aussteller. Ich glaube, das liegt daran, dass man Hannover jetzt in Google Earth besichtigen kann."[40]*

Tatsächlich passiert bei den meisten Menschen nichts, wenn man mit ihnen über die niedersächsische Landeshauptstadt spricht. Kein Leuchten in den Augen, kein Aha-Effekt. Hannover, so sagt man, ist das Mittelfeld Deutschlands, die Inkarnation des Durchschnitts. So schrieb es zum Beispiel die Zeitung "Neues Deutschland" 2012[41] über Hannover.

In einem Interview mit der Süddeutschen Zeitung (SZ) antwortete der ehemalige Sportdirektor von Hannover 96, Jörg Schmadtke, im Oktober 2011[42] auf die Frage, ob Hannover ein Image habe: *"Wir galten als langweilig. Wir hatten acht, neun Jahre in der Bundesliga gespielt, und die Leute haben immer noch gesagt: Hannover, was ist das denn bitte? Eigentlich ist das in der Tat gar kein Image gewesen."*
Die Antwort Schmadtkes bezog sich darauf, dass Hannover 96 in der Saison 2011/12 in der Europa League spielte und so nun doch ein Image für den Verein und die Stadt erkennbar wurde. Aber auch das ist nun wieder Vergangenheit. Hannover 96 ist wieder die Inkarnation des Durchschnitts, liegt vielleicht sogar unter dem Durchschnitt, und so wird auch die Stadt Hannover nicht mehr mit einem Aha-Effekt wahrgenommen, sondern nur noch als die Stadt, in der offensichtlich ein Bundesligaverein spielt.

Kann es das gewesen sein?

Nein, hier muss Hannover 96 wieder mitwirken, und zwar sportlich, natürlich aber auch aktiv im von Oberbürgermeister Stefan Schostok für den Herbst 2014 ausgerufenen Stadtentwicklungsdialog. Dieser Dialog, der die Bürger aufruft, sich an großen Weichenstellungen der Zukunft zu beteiligen, bietet die einmalige Chance neben den Handlungsfeldern Bildung und Kultur, Ar-

---

[40] Quellen: u.a. "Werder-Forum". Das offizielle Werder Bremen Forum. http://forum.werder.de/archive/index.php?t-688.html

[41] "Hannover ist überall": Neues Deutschland vom 28.12.2012.

[42] Interview mit Jörg Schmadtke: "Eigentlich hatten wir gar kein Image". Süddeutsche Zeitung vom 23.10.2011.

beit/Wirtschaft/Wissenschaft und Umwelt, Leben und Wohnen, Integration und Finanzen auch das Image der Stadt mit einzubeziehen. Und ein bedeutender Imageträger für die Stadt ist der Bundesligaverein Hannover 96.

Und so kann sich ein Stadtentwicklungsdialog auch ergänzen um einen Imageentwicklungsdialog. Hierzu kann Hannover 96 nicht nur durch hervorragende sportliche und auch wirtschaftliche Leistungen beitragen, sondern insbesondere über die sportlichen Leistungen auch wieder den Weg nach Europa finden, und zwar nicht nur temporär, sondern nachhaltiger. Ähnlich wie die Stadt Hannover zu einem gesellschaftlichen Dialog aufruft, um Nachhaltigkeit zu entwickeln, so stellen wir im Kapitel "Ein Weg in die Zukunft – Strategiezirkel" ein Konzept vor, wie ein Dialog zur Entwicklung von Visionen bei Hannover 96 aussehen könnte. Wenn hier in einer sogenannten "konzertierten Aktion" und als Crowdsourcing die übergreifenden Interessenslagen von Kommune und Profifußball zu einem mittel- bis langfristigen Gesamtkonzept verknüpft würden, das zu einem wesentlich besseren Image und zu ökonomischen Erfolgen für Stadt und Verein führt, dann kann man auch feststellen: Harald Schmidt ist nicht mehr auf Sendung, aber Hannover und Hannover 96 leben, und zwar besser als jemals zu vor. Auch wenn es nicht mehr für die "Weltliga" reicht, so könnte es doch mindestens für die Europa League langen.

Visionen – die Ausgangslage

Wie geht es wirklich weiter in der Bundesliga? Es ist die immer wieder gleiche Frage, die sich der geneigte Fußballfan bei dem Blick auf die wöchentliche Bundesligatabelle stellt: *"Warum ist mein Verein nicht dort, wo die Bayern stehen?"*
Nur die Fans der Dortmunder Borussen hatten hierauf vor einiger Zeit noch eine positive Antwort. Aber offensichtlich wird es auf unabsehbare Zeit keine eindeutige Antwort auf diese Frage mehr geben. Zu deutlich ist inzwischen die nationale und auch europäische Marktführerschaft der Bayern, sowohl sportlich als auch wirtschaftlich.
Also geht es auch hier nicht um Platz 1. Aber der Weg in die attraktive Champions League führt ja auch über die Plätze 2 bis 4. Und da ist der 4. Teilnehmer aufgrund der UEFA 5-Jahreswertung für die nächsten Jahre erst einmal sicher.
Es muss aber festgestellt werden, dass das Gefälle in der Liga immer größer wird. Die Meisterschaft ist an die Bayern vergeben, die drei Champions-League-Plätze dahinter werden auf längere Sicht auch vier bis fünf Klubs unter sich ausmachen. Eine Situation, die auf Dauer für die nationale Liga nicht gerade förderlich sein wird.
Und der Weg in eine Drei-Klassengesellschaft setzt sich mehr denn je fort. Man kann hier wohl durchaus von 1A-, 1B- und 1C-Bundesliga sprechen.
Zur 1A-Liga gehören die wirtschaftlich und damit auch sportlich erfolgreichen Teams, die regelmäßig europäisch und vor allem in der Champions League spielen.
Allen voran ist das natürlich der FC Bayern München. Ferner kann man zur sogenannten "Ivy League" BV Borussia Dortmund zählen. Aufgrund der wirtschaftlichen Leistungsfähigkeit zählt auch die Werkself von Bayer Leverkusen dazu. Auch die 2. Werkself vom VfL Wolfsburg dürfte sich aufgrund der wirtschaftlichen Leistungsfähigkeit mittelfristig (wenn vielleicht auch nur temporär) in der "Ivy League" einnisten können. Und etwas weiter hinten angesiedelt kann man auch den FC Schalke 04 zur Elite-Klasse 1A-Bundesliga hinzuzählen.
In die 1B-Liga kann man die Vereine einordnen, die mehr oder weniger regelmäßig die Plätze 6-12 einnehmen oder die regelmäßig mindestens 40 Punkte in der Saison erspielen. Dabei kann man aber auch feststellen, dass diese Plätze sehr volatil sind. Eine Festlegung auf eine bestimmte Reihenfol-

ge ist hier nicht möglich. Selbst die Euro-League-Plätze sind nicht fest belegt. Dieses Ergebnis spiegelt sich auch im Abschneiden der deutschen Teilnehmer in diesem Wettbewerb in den letzten Jahren wider.

Zur 1C-Liga zählen die Aufsteiger, die zwar durchaus in die 1B-Liga einsteigen können. Aber grundsätzlich kann man bei diesen Vereinen rein wirtschaftlich nur vom 1C-Format sprechen. In der Regel stoßen zu dieser Gruppe die Aufsteiger der Vorsaison. Die 1C-Liga kann man also zahlenmäßig einstufen als "39 Punkte". Nun ist die spannende Frage für jeden Verein: Wo stehen wir? Und wo wollen wir hin? Entscheidend ist, wie man wirtschaftlichen und sportlichen Erfolg so aggregieren[43] kann, dass man zunächst in Liga 1B im Bereich der Europa League dauerhaft einen festen Platz sichern kann. Dabei gilt aber: *"Wenn Du gleich gut bleiben willst, musst Du besser werden!"*

Aber letztlich kann Liga 1B nur ein Zwischenschritt in Liga 1A sein. Denn durch die historisch einmalige Chance, dass 4 Vereine in der Champions League startberechtigt sind, muss es – und das nicht erst mittelfristig – einfach das Ziel sein, mindestens Platz 4 zu erreichen und in die Champions-League-Qualifikation zu kommen, um sich so ein Stück vom (Geld)-Kuchen abzuschneiden. Um hier hinzukommen, muss man sich zunächst einmal die reale Situation am Beispiel von Hannover 96 anschauen.

---

[43] Anm.: Aggregation ist in der Wirtschaftstheorie die Zusammenfassung mehrerer als homogen definierter Einzelgrößen zu einer Gesamtgröße, um einen Gesamtüberblick zu gewinnen.

Hannover 96 seit 2002			Punkte zum Erreichen...	
Saison	Tabellen-platz	Punkte	...Euro-League	...Champions League
2002/03	11	43	54	58
2003/04	14	37	56	65
2004/05	10	45	57	59
2005/06	12	38	52	68
2006/07	11	44	51	66
2007/08	8	49	54	64
2008/09	11	40	61	64
2009/10	15	33	57	61
2010/11	4	60	58	65
2011/12	7	48	48	60
2012/13	9	45	51	55
2013/14	10	42	51	61
Durchschnitt	10	44	54	62

Nach dieser Tabelle wäre 96 in Liga 1B einzuordnen. Zum Erreichen eines Champions-League-Platzes fehlen im Durchschnitt 18 Punkte, während der Abstand zur Liga 1C nur 5 Punkte beträgt. Statistisch gesehen könnte man feststellen, dass es wesentlich wahrscheinlicher ist, in Liga 1C abzustürzen, als Liga 1A zu erreichen.

Visionen – eine IST-Analyse

Der Fußball im Allgemeinen und der Profifußball im Besonderen hat in den letzten Jahrzehnten eine enorme Entwicklung erlebt.

Das Spiel hat sich in sportlicher Hinsicht revolutioniert. Es ist wesentlich schneller, dynamischer und athletischer geworden. Es ist wesentlich strategischer, konzeptioneller und taktischer geworden. Es ist wesentlich material- und medienorientierter geworden.

Die meisten Profiabteilungen der Fußballvereine wurden inzwischen in Kapitalgesellschaften umgewandelt. Die Fußballstadien haben sich zu Entertainment-Tempeln entwickelt mit allem Komfort für den Fußballfan und die VIPs. Die Fußballspiele sind heute Events mit einem breiten Entertainmentangebot.

Insgesamt ist diese Entwicklung durch eine enorme Professionalisierung und Kommerzialisierung gekennzeichnet. Im gleichen Zusammenhang ist deutlich geworden, dass wirtschaftlicher und sportlicher Erfolg von Sportvereinen immer enger verbunden sind.

Die Frage nach den Faktoren, die eigentlich den sportlichen Erfolg beeinflussen, stellt sich dabei in einem ganz neuen Licht. Nun kann man zwar konstatieren, dass damit eigentlich alles gegeben ist, was für alle Profivereine einen Erfolg garantieren müsste. Aber bei genauerer Betrachtung dessen, was sich nicht professionell verändert hat in den Jahrzehnten, wird man zu dem Ergebnis kommen, dass hier eigentlich Stillstand und somit Rückschritt stattgefunden hat, jedenfalls bei vielen Profiklubs und so auch bei Hannover 96.

Denn es gibt immer noch die "alten" Mechanismen und Automatismen, die Dogmen und Binsenweisheiten, die dann eintreten, wenn der sportliche Erfolg ausbleibt. Und dazu gehört auch die Ultima Ratio – Trainerentlassung! Und das meist aus einem Vertrag mit einer mehrjährigen Laufzeit heraus. Das ist reine Kapitalvernichtung ohne Wertschöpfung! Aber auch der umgekehrte Weg, das "Herauskaufen" aus einem bestehenden Vertrag, ist Kapitaleinsatz mit hohem Risikopotenzial und zunächst ohne Wertschöpfung. Und dieses Szenario hat sich im Laufe der Jahrzehnte leider nicht verändert. Wie bereits an anderer Stelle (Kapitel "Trainerwechsel – Erfolg oder Irrtum?") dargestellt, wurden in den letzten 5 Spielzeiten sowie der 1. Halbserie 2013/14 durch Trainerentlassungen theoretisch rund 62 Mio. Euro Kapital "vernichtet". Selbst wenn man diese Summe noch um diverse Faktoren, wie z.B. die hinzugekommene exorbitante Gehaltssumme beim Bayern-Trainer, bereinigen würde, wären immer noch mindestens 55-60 Mio. Euro Kapital "vernichtet" worden (und das ohne die zusätzlichen Aufwendungen für die Trainerstäbe zu berücksichtigen).

Genau diese Handlungsweise ist nicht nur aus sportlicher Sicht ein wesentlicher Faktor, der Erfolg oder Misserfolg bestimmt, er ist auch aus betriebswirtschaftlicher Sicht nicht nachvollziehbar. Erstaunlicherweise existieren auch kaum betriebswirtschaftliche Untersuchungen über die Erfolgsursachen im Profifußball. Das kann daran liegen, dass diese rein sportlichen Mechanismen auch mit den neuesten wirtschaftswissenschaftlichen Ansätzen nicht dargestellt werden können. Denn hier bestimmen nicht definierbare Parameter ein "Geschäft", das sich als Einkauf von "Erfolg" durch "Kapitalvernichtung" bezeichnen ließe. Und damit sind solche betriebswirtschaftlichen Paradoxien (ähnlich dem Braess-Paradoxon)[44] nicht greifbar, weil sie

---

44 Anm.: Das Braess-Paradoxon ist eine Veranschaulichung der Tatsache, dass eine zusätzliche Handlungsoption unter der Annahme rationaler Einzelentscheidungen zu einer Verschlechterung der Situation für alle führen kann. Das Paradoxon wurde 1968 vom deutschen Mathematiker Dietrich Braess veröffentlicht.

offensichtlich antiquierten Szenarien folgen, die wirtschaftswissenschaftlich nicht erfasst werden können.

Eine Entscheidung über eine Trainerentlassung folgt nicht den Regeln des Marktes, da die Reaktionszeit vom Erkennen der Notwendigkeit, dass Erfolg wieder generiert werden muss, bis zum Entscheidungsprozess schon viel zu lang ist und sich dadurch in der Regel weiterer Misserfolg potenziert. So wird bereits wertvolles wirtschaftliches Potenzial vernichtet. Der Weg bis zur endgültigen Entscheidung erzeugt weiteren Wert- und Imageverlust der Marke. Am Ende folgt notwendigerweise eine Entscheidung, die dann aber meistens auf eine (Trainer-)Marktsituation trifft, die wenig Spielraum dafür lässt, erfolgsorientierte Visionen realisieren zu können. Somit wird die Neuverpflichtung meist eine rein pragmatische Entscheidung sein, die dem "Angebot" folgt und nicht den Visionen.

Fast alle betriebswirtschaftlichen Studien über den Profifußball betrachten Erfolgsfaktoren ausschließlich unter den Aspekten Sponsoring, Werbung und Merchandising.

In Anlehnung an die von Hambrick und Mason begründete Upper-Echelons-Perspektive könnte man ergänzen, dass Fußballvereine, mehr noch als Unternehmen, ein Spiegelbild ihrer Protagonisten sind (*sh. u.a. Kapitel "Generation 'Direktor'"*). In der Vergangenheit wurde die Upper-Echelons-Perspektive bereits genutzt, um den Einfluss von Trainerwechseln auf den Erfolg von amerikanischen Baseball- und deutschen Fußballvereinen zu analysieren. Der relative Beitrag aber, der hinter den Erfolgen von Trainer und Sportmanagement stehen müsste, wurde dagegen noch nicht untersucht.

Unter dem Titel "Erfolg von Fußball-Bundesligavereinen – eine empirische Analyse des Beitrags von Mannschaft, Trainer und Sportmanager" wurde auf Basis der Upper-Echelons-Perspektive durch das IUP – Institut für Unternehmensplanung unter Leitung von Prof. Dr. Harald Hungenberger und Prof. Dr. Torsten Wulf im Jahr 2006 eine Studie erstellt.

Allerdings bestätigen genau solche Studien nach unserer Auffassung die Tatsache, dass sich bei allem, was wissenschaftlich untersucht werden kann, der sportliche und damit kausal verbundene wirtschaftliche Erfolg so nicht wirklich eingestellt hat.

Erhöhter Wettbewerbsdruck, der u.a. dadurch entstehen wird, dass die Diskussionen um "europäische Ligen" sich verstärken werden, erfordert zudem eine zielorientierte Strategie für die wirtschaftliche und sportliche Zukunft. Und diese Strategie für die Zukunft kann nicht die Strategie der Vergangenheit sein. Ein Indikator für die Messung von wirtschaftlichem Erfolg durch sportlichen Erfolg ist die Wahrnehmung der Sport-Marke. Ein schlechter Tabellenplatz, ein schlechtes Bild in der Öffentlichkeit von der Qualität der sportlichen Leitung wirken sich nachhaltig auf das Verhalten von Sponsoren, auf Werbung, Merchandising und z.T. auch auf das Ticketing aus und beeinflussen so die Einnahmeseite. Die folgenden Pressezitate zeigen, dass das Markenimage bei Hannover 96 unter der Führung von Dirk Dufner gelitten hat.

"[...] Dufner ist bislang in Hannover merkwürdig blass geblieben, was durchaus zu der These führen kann, dass ein Schmadtke gerade jetzt Slomka helfen könnte [...]" Hannoversche Allgemeine Zeitung vom 30.11.2013

"[...] Diesem Mann (Anm. Dufner) fehlt alles, was einen erfolgreichen Sportdirektor ausmacht. Er hat weder das "Hoeneß-Gen", also die absolute Fähigkeit und den absoluten und unbändigen Willen zum Erfolg [...] Die Personalie Dufner ist bisher nicht die Erfolgsstory, die Hannover 96 zurück nach Europa führen kann [...]" Auszüge aus einem Leserbrief, Hannoversche Allgemeine Zeitung v. 06.12.2013

"[...] Ins Gesamtbild passt auch das Krisenmanagement von Sportdirektor Dufner, der vergangene Woche gefordert hat, dass alle eng zusammenrücken müssen. Das stimmt, aber warum eigentlich erst vor dem 16. Spieltag? [...]" Hannoversche Allgemeine Zeitung vom 16.12.2013

"[...] Der Sportdirektor macht einen unsouveränen Eindruck. Krisenmanagement sieht anders aus [...]
[...] Sportdirektor Dirk Dufner hat sich jedenfalls mit einem bemerkenswerten Satz den Pokal für das herrlichste Herumeiern des Jahres verdient: ,Wir wollen eigentlich mit Slomka weitermachen. Man muss aber auch den Mut haben, einen Schnitt zu machen.'[...]
[...] 96 könnte jetzt einen gelassenen Lotsen gebrauchen, wie den ehemaligen Sportdirektor Jörg Schmadtke [...]" Hannoversche Allgemeine Zeitung vom 23.12.2013

"[...] Fällt Dufner, der als Sportdirektor bislang wenig überzeugend agiert hat und Mitschuld an einem Kader trägt, noch ein Überraschungskandidat ein? [...]" Hannoversche Allgemeine Zeitung vom 24.12.2013

"[...] So oder so hatte der 96-Sportdirektor eine kleine Ungeschicklichkeit im Gepäck, denn er hatte durch eine wenig durchdachte Äußerung im Vorfeld die verbliebenen Kandidaten wissen lassen, dass sie keinesfalls die Wunschlösung für Hannover 96 sind [...]

Und so tragen auch solche Pressezitate, wie hier aufgelistet, die innerhalb eines Monats in einer seriösen regionalen Tageszeitung, und nicht etwa im Boulevard, erschienen sind, nicht zu einem vertrauenerweckenden Image einer Marke bei. Wenn man nun auch bedenkt, dass der Verlag, in dem die Hannoversche Allgemeine Zeitung erscheint, Gesellschafter der Hannover 96 GmbH & Co. KGaA ist, würde ein Zyniker jetzt anmerken: Die haben offensichtlich Angst um ihre Rendite oder sogar die Einlagen!

Martin Kind blickt stets mit ökonomischem Realismus auf Hannover 96. Er sieht Hannover 96 als Regionalmarke. Nun muss man bedenken, dass Regionalmarken nicht unbedingt sehr lange Lebenszyklen haben. Viele dieser Regionalmarken wurden entweder zu Globalmarken oder sind vom Markt verschwunden. Deshalb ist es wichtig, dass der Markenkern regional verankert ist, die Markenwahrnehmung muss aber nachhaltig global verankert werden.

Wie Martin Kind auf einer Veranstaltung am 12.12.2013 in Hannover vorrechnete, kommen 85 Prozent der Erlöse der "Roten" aus Fernsehrechten und von Werbepartnern und nicht einmal ein Sechstel entfalle auf Ticketeinnahmen. Diese Rechnung führte zu der Bemerkung, dass die Fans eigentlich "wirtschaftlich nicht" gebraucht würden.

Eine regionale Marke, die sich nur zu 15 Prozent durch Direktverkaufserlöse aus ihrer Region finanziert, könnte sich am Markt nicht halten. Nun ist hier die Marktsituation sicherlich eine andere. Der Verein spielt nun einmal bei seinen Heimspielen nur an seinem Standort, und hier hat er Fans und hier entstehen die Emotionen, die den Sport überhaupt erst möglich machen. Diese Emotionen sind ein enorm wichtiger Bestandteil des Markenkerns. "Alte Liebe" drückt eine hohe emotionale Verbundenheit aus. Und wenn "Alte Liebe" gegen "Echte Liebe" (BVB) oder "Mia san mia" (FC Bayern) spielt, dann können Emotionen und damit die Faszination dieses Sports nicht besser beschrieben werden.

Aber Emotionen finanzieren nun einmal das Geschäft Fußballbundesligamannschaft nicht, wie Martin Kind sinngemäß feststellte. Und somit müssen Emotionen allein bei den Fans ausgelebt werden. Emotionen dürfen auch nicht die Entscheidungen beeinflussen und als Alibifunktion für mangelnde Innovations- und Kreativitätsfähigkeit herangezogen werden.

Bei der bereits zitierten Veranstaltung am 12.12.2013 hat Martin Kind auch gesagt, dass man das Geld der Sponsoren nicht einfach verbrennen darf. *"Wir müssen liefern: Leistung, Strategien, Konzepte."*

Leistung betrifft die sportliche Seite, Strategien und Konzepte die ökonomische Seite. Und deshalb muss der Fokus hier auch auf Innovation und Kreativität gerichtet werden. Angesichts der Herausforderungen der kommenden Jahre und der bereits erwähnten Diskussionen um rein europäische Ligen kann eine reine Regionalmarke auch in einer Eliteliga nicht mehr bestehen. Die Entwicklung zu einer nationalen und auch globalen Marke muss daher die Zielsetzung heißen.

Spätestens nach der EURO 2020, die offensichtlich als Probelauf in verschiedenen Metropolen Europas ausgetragen wird, wird die Einführung einer europäischen Eliteliga forciert werden.

Wenn sich ein Sportklub zu 85 Prozent aus TV-Rechten, Lizenz-, Sponsoren-, Werbe- und Merchandisingeinnahmen finanziert, dann sind auch fast nur in diesem Bereich nachhaltig zusätzliche Umsätze zu generieren.

Wie so etwas aussieht, lässt sich ganz einfach an einigen Beispielen und Daten darstellen: Zunächst einmal ein Vergleich der wertvollsten europäischen Profifußballklubs (Stand: 2014) sowie der Umsätze der weltweit größten Profiklubs (Stand: 2013):

Die 20 wertvollsten Fußballclubs[45]			
Rang 2014	Verein	Einnahmen [Mio. €]	Einnahmen [Mio. €]
1	Real Madrid	518,9	Spanien
2	FC Barcelona	482,6	Spanien
3	FC Bayern München	431,2	Deutschland
4	Manchester United	423,8	England
5	Paris Saint-Germain	398,8	Frankreich
6	Manchester City	316,2	England
7	FC Chelsea	303,4	England
8	FC Arsenal	284,3	England
9	Juventus Turin	272,4	Italien
10	AC Mailand	263,5	Italien
11	Borussia Dortmund	256,2	Deutschland
12	FC Liverpool	240,6	England
13	FC Schalke 04	198,2	Deutschland
14	Tottenham Hotspurs	172,0	England
15	Inter Mailand	168,8	Italien
16	Galatasaray Istanbul	157,0	Türkei
17	Hamburger SV	135,4	Deutschland
18	Fenerbahce Istanbul	121,1	Türkei
19	AS Rom	124,4	Italien
20	Atlético Madrid	120,0	Spanien

---

45 Deloitte – www.wikipedia.de – Deloitte Football Money League.

Die 20 wertvollsten Sportclubs der Welt[46]				
Rang 2013	Verein	Wert in [US-Dollar]	Land	Sportart
1	Real Madrid	3.300.000.000	Spanien	Fußball
2	Manchester United	3.165.000.000	England	Fußball
3	FC Barcelona	2.600.000.000	Spanien	Fußball
4	New York Yankees	2.300.000.000	USA	Baseball
5	Dallas Cowboys	2.100.000.000	USA	Football
6	New England Patriots	1.635.000.000	USA	Football
7	Los Angeles Dodgers	1.615.000.000	USA	Baseball
8	Washington Redskins	1.600.000.000	USA	Football
9	New York Giants	1.468.000.000	USA	Football
10.	Arsenal London	1.326.000.000	England	Fußball
11	Boston Red Sox	1.312.000.000	USA	Baseball
12	FC Bayern München	1.309.000.000	Deutschland	Fußball
13	Houston Texans	1.305.000.000	USA	Football
14	New York Jets	1.248.000.000	USA	Football
15	Philadelphia Eagles	1.260.000.000	USA	Football
16	Chicago Bears	1.190.000.000	USA	Football
17	San Francisco 49ers	1.170.000.000	USA	Football
18	Green Bay Packers	1.161.000.000	USA	Football
19	Baltimore Ravens	1.157.000.000	USA	Football
20	Indianapolis Colts	1.154.000.000	USA	Football

Diese Daten zeigen, wie sich eine globale Markenwahrnehmung auf die Umsätze von Profisportklubs auswirkt. Ein besonderes Beispiel, wie sich ein Profiklub über seine Außenwirkung maßgeblich finanziert, sind die New York Yankees aus der Major League Baseball (MLB).

Die "Yankees" sind auch in unseren Breitengraden allgegenwärtig. Nicht, weil sich so viele Deutsche für die MLB interessieren und mit den berühmten NY-Baseball-Caps ihre Anhängerschaft ausdrücken wollen, sondern weil der 14. und 25. Buchstabe des Alphabets in Kombination fast ein Mode-Label sind, das für viele Synonym für den Big Apple ist. Es ist das wohl bekannteste Sportlogo weltweit und Stadtmarketing par excellence.

Auch das Logo "96" erfüllt sicherlich ebenso die Voraussetzungen eines erfolgreichen Brand Elements. Es ist kurz, prägnant, einfach, verständlich, einprägsam, wiedererkennbar und griffig. Es ist sicherlich das beste Vereinslogo in der gesamten Bundesliga und wäre somit auch international gut als Brand Signals einsetzbar, da es in allen Sprachen durch die reine Ziffernfolge als Marken-Information zu verstehen ist.

---

[46] Forbes-Magazin, New York.

Die wirtschaftlichen Aktivitäten der Yankees sind zusammengefasst in der Yankee Global Enterprises LLC (YGE). Dazu zählen neben dem Baseballteam mit den Ticketing-Umsätzen die Legends Hospitality Management (LHM) für die weltweite Vermarktung der Marke. Eine weitere exorbitante Einnahmequelle ist der vereinseigene Kabelkanal Yankee Entertainments and Sports Network, kurz YES, der u.a. auch mit Arsenal London kooperiert und deren Spiele in den USA und Mittelamerika überträgt. Zusammen käme man, wenn man die eigenständigen Unternehmen Yankees, LHM und YES zusammenzählt, auf einen Gesamtfirmenwert von 5,1 Mrd. US-Dollar, wie das Forbes-Magazin, im Juli 2013 feststellte. Und damit ist YGE das mit Abstand weltweit größte Sportentertainment-Unternehmen.

Aber auch die Boston Red Sox – MLB Worldseries Gewinner 2013 – sind mit der Marke und dem Logo weltweit vertreten und spielen mit einigem Abstand hinter den "Yanks" ebenfalls in einer anderen Wirtschaftsliga.

Aber hinter diesen wirtschaftlichen Erfolgen liegen zunächst die sportlichen Erfolge. Bei den Yankees sind dies 27 World-Series-Siege und bei den Red Sox auch schon 8 World-Series-Titel. Trotzdem sind für eine globale Vermarktung und eine globale Markenführung die Strategien aus Vision, Innovation und Kreativität entscheidend.

Und wenn man jetzt wieder auf den Fußball zurückkommt, dann hat der Mitautor auch eigene Wahrnehmungen von Markenpräsenz einer Fußballmarke gemacht. An der Copacabana (Rio de Janeiro) wurden "Werder"-Fahnen (sicherlich neben den zurückliegenden sportlichen Erfolgen auch eine Referenz an den ehemaligen Werderaner Diego) und Bayern-T-Shirts gesichtet, ebenso in Singapur, und im Frühjahr 2013 wurden von ihm in Apia/Westsamoa im Südpazifik (ca. 16.000 km Luftlinie von Deutschland) zwei PKW entdeckt mit Aufklebern des FC Bayern München. Und auch in Nuku'Alofa/Königreich Tonga liefen Kinder im Bayern-T-Shirt herum.

Deshalb kann man Martin Kind in seiner Einschätzung, dass sich die Ökonomisierung im Profifußball weiter fortsetzen werde und man diese Herausforderung bedingungslos annehmen müsse, nur zustimmen. Aber die Frage ist: Warum folgt Martin Kind seinen eigenen Worten nicht? "Entscheidend ist auf'm Platz" reicht allein schon lange nicht mehr.

Weltweit werden für 2014 Sport-Sponsorships prognostiziert von 45,56 Mrd. US-Dollar – für Europa davon 15,87 Mrd. US-Dollar[47]. Um sich ebenfalls von diesem Kuchen ein Stück abschneiden zu können, benötigt man aber mehr Innovationen und darf nicht wie bisher den alten dogmatischen Mechanismen des Fußballgeschäftes folgen. Dazu gehören u.a. auch die bisherigen

---

[47] www.statista.com 2014.

Vorgehensweisen mit Trainerentlassungen, die nur Kapital vernichten. Sponsorship setzt auf Wertschöpfung und dazu benötigt man auch ein großes Maß an Kreativität.

Die Ereignisse des Trainerwechsels Anfang 2014 bei Hannover 96 haben nachhaltig unter Beweis gestellt, dass diese uninspirierten Mechanismen des Fußballgeschäftes wieder angewandt wurden. Was passiert nun aber, wenn auch der neue Trainer den erhofften sportlichen Erfolg nicht nachhaltig generieren kann? Erneute Entlassung → Abfindung → neuer Trainer. Nach unserer Auffassung kann man hier nicht von Risikodiversifizierung sprechen. Hier geht man offensichtlich sehenden Auges ein vollkommen unkontrollierbares Risiko ein.

Ist das wirklich der einzige Weg? Ist das wirklich ein kreativer Weg? Ist das wirklich ein innovativer Weg? Sind das die Visionen auf den Weg in die Zukunft?

Die Entscheidungen, die hier über wirtschaftlichen und sportlichen Erfolg bestimmen, könnten daher mit folgender Formel bezeichnet werden: Der ERFOLG hinter dem ERFOLG führt zum ERFOLG!

Als Fazit der IST-Analyse halten wir zunächst fest: Es wird noch dauern, bis die Bundesliga allgemein und Hannover 96 im Besonderen wirklich auf dem Weg in die Zukunft ist.

Visionen – Ideen – Zukunft

Kreativitätstechniken sind Methoden zur Förderung von Kreativität und gezieltem Erzeugen neuer Ideen, um Visionen zu entwickeln, Potenziale zu heben und Probleme zu lösen. In Wirtschaft, Politik, Bildung werden dafür gezielt Innovationsworkshops und Innovationsprojekte durchgeführt. Im Profisport gibt es, jedenfalls in Bezug auf die hinter dem rein sportlichen Leistungsbereich stehenden Managementbereiche, bisher kaum derartige Anwendungen, um veraltete Strukturen zu verändern und wirtschaftliche und sportliche Zukunft nachhaltig zu gestalten. Hier läuft alles noch nach dem Prinzip Zufall, und es werden Fall-zu-Fall-Entscheidungen ohne nachweisbare Erfolgsaussichten getroffen. Bei der Anwendung von Kreativitätstechniken darf man nicht außer Acht lassen, dass Kreativität in einer komplexen Interaktion von Begabung, Wissen, Können, Motivation, Persönlichkeitseigenschaften und Umgebungsbedingungen stattfindet.

Nun soll hier aber keine wissenschaftliche Methode entwickelt werden, wie man Ideen, Visionen, Kreativität und Innovation in die dogmatischen und verkrusteten Strukturen hinter den sportlichen Leistungsbereichen bringen kann. Aber es soll ein Denkanstoß sein, einen interaktiven Kreativprozess anzuschieben, der im Output Impulse geben kann, um neue Wege zu finden, um wirtschaftlichen und sportlichen Erfolg greifbarer, planbarer und nachhaltiger werden zu lassen. Diese Impulse können u.a. entstehen durch:

Ein Weg in die Zukunft – Strategiezirkel

Ein Zirkel ist nach seiner Definition eine nicht in festen Organisationsstrukturen agierende Gruppe. Als solche Gruppe versteht man eine Mehrzahl von Personen, die über einen längeren Zeitraum in direkter Interaktion stehen und durch ein Wir-Gefühl verbunden sind. Dieses Wir-Gefühl definiert sich in diesem Fall durch die gleiche Leidenschaft für eine Sache. Hier: innovative und kreative Visionen und Ideen entwickeln für den wirtschaftlichen und den damit verbundenen sportlichen Erfolg von Hannover 96 im Besonderen und die Zukunft des Profifußballs im Allgemeinen.

Ein Strategiezirkel Zukunft sollte sich aus organisationspsychologischer Sicht als informeller Zirkel darstellen. Die informellen Interaktionen als kreative, innovative und zunächst rein visionäre Ideen können dabei im Eigen- und Zusammenhandeln entwickelt werden. Durch Unmittelbarkeit und wechselseitige Wahrnehmungen sollen sich Ideen entwickeln, die nicht unmittelbar realitätsnah sein müssen.

In direkter Interaktion sollten sich dann aus diesen visionären Ideen Essenzen ergeben, die wiederum in weitere Ideen einfließen können. Die dabei von unterschiedlichen sozialen Rollen eingebrachten Visionen können durch Gruppendynamiken zu entsprechenden Merkmalsbestimmungen in die Zukunft führen.

Wie so etwas in der realen Wirtschaft aussieht, war u.a. im Wirtschaftsteil der Hannoverschen Allgemeinen Zeitung vom 26. Juli 2013 unter dem Titel "Grundstein für Veränderung" nachzulesen. Dort wurde das Projekt "Innovation Campus" der Firma Sennheiser vorgestellt. Ein Projekt, dass das Unternehmen, Hersteller von Kopfhörern, Mikrofonen und Konferenzanlagen, fit machen soll für die Zukunft. Mit dem "Innovation Campus" verlässt Sennheiser eingefahrene Gleise und beschreibt dies als "Kulturwandel". Auf dem "Innovation Campus" wird es keine festen Büros geben, sondern die Mitarbeiter arbeiten dort in wechselnden Projekten zusammen. Dort sollen Ideen entwickelt werden für Marketing und Design. Es gebe praktisch nichts mehr im Unternehmen, was nur noch eine der klassischen Fachabteilungen betreffe, so Sennheiser. Wechselnde Teams werden so in einer nutzungsneutral gestalteten Campus-Struktur kreative und innovative Impulse umsetzen für die Gestaltung der Zukunft des Unternehmens.

Ein solcher innovativer Ansatz, mit seiner Idee von wechselnden Kreativteams, wäre als Gestaltungsoption für die Zukunftsfähigkeit sicherlich auf den Profifußballbereich übertragbar, zumal man damit tatsächlich die immer noch vorherrschenden Dogmen aus der Gründerzeit des Profifußballs aufbrechen könnte. Auch hier würde ein "Kulturwandel" Impulse für die Zukunft generieren.

Aber auch in anderen Bereichen der Wirtschaft ist die Zukunft schon Gegenwart!

Amazon und DHL testen Minidrohnen für die Paketzustellung = Science Fiction oder Zukunft?[48] Und selbst der Fußball hatte schon einmal Visionen. Günter Mast[49] zum Beispiel, als er in der Saison 1973 Eintracht Braunschweig zum ersten Mal mit Trikots mit dem Aufdruck des Jägermeister-Hubertushirsch auflaufen ließ.

Back to the Future = Eine Vision wurde zur Idee – eine Idee zur Zukunft (auch für den DFB)!

Aber warum bleiben im Fußball und eben auch im Profifußball die Strukturen weitestgehend so, wie sie immer waren?

---

[48] "manager magazin online" vom 09.12.2013
[49] Bis 1987 Vorstands-Vorsitzender und von 1987 bis 1997 Aufsichtsratsvorsitzender der Mast-Jägermeister AG, deren bekanntestes Produkt der Kräuterlikör Jägermeister ist.

Grundsätzlich könnte man zwar annehmen, dass auch Hannover 96 mit seiner Entscheidung für den neuen Trainer auf dem Weg in die Zukunft ist. Mut und Vision gehören ebenso zum Erfolg wie Versuch und Irrtum. Allerdings stammt der Weg, den man beschritten hat, noch aus der Vergangenheit, und das passt nun einmal nicht zusammen. Die Zukunft ist die Zeit, die subjektiv gesehen der Gegenwart nachfolgt und nicht der Vergangenheit!

Deshalb darf sich die Gestaltung der Zukunft im Profifußball auch nicht an normativen Konventionen und Regeln orientieren, sondern sollte sich kognitiv auf der Suche nach visionären Handlungsoptionen begeben. Dazu gehört explizit auch eine besondere Phantasie- und Utopiephase. Durch die Antizipation eines künftigen Zustandes entstehen die Handlungserwartungen, die den Weg zum Erfolg und zur Nachhaltigkeit kennzeichnen. Ein "Strategiezirkel Zukunft" könnte daher "imaginär", also zunächst nur in der Vorstellung und fiktiv die Positionen herausfinden, die die Konventionen und Regeln aus der Vergangenheit transformieren in Visionen für die Zukunft, und zwar ökonomisch und vollkommen losgelöst vom Tagesgeschäft. Das geht alles ohne feste Organisationsstrukturen, Satzung, Beschluss- und Vorlagefähigkeit.

Damit das gelingt, werden die Visionen und Ideen von leidenschaftlichen Köpfen aus allen Gesellschaftsschichten benötigt.

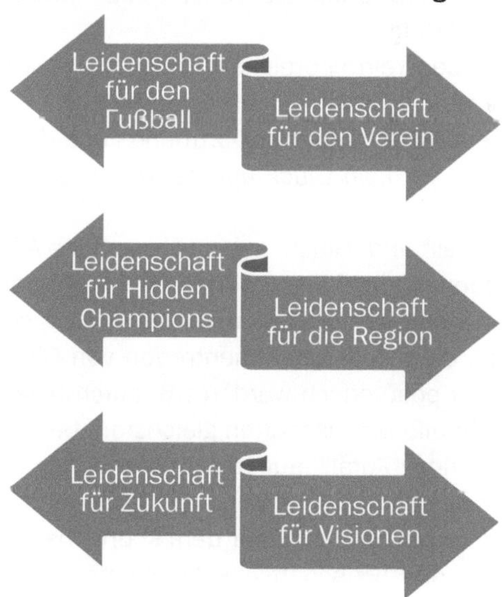

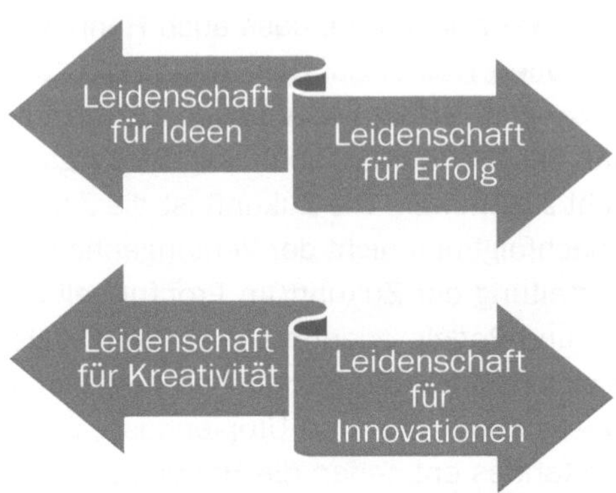

In der empirischen Untersuchung für die Saison 2007/2008 "Der Faktor Zufall im Fußball" des Hamburger WeltWirtschaftsinstitut (HWWI) 2009 wird u.a. festgestellt, dass es ohne Zweifel feststeht, dass eine größere Finanzkraft die sportlichen Erfolgsaussichten durchaus verbessern kann. Was damit auch unsere These stützt, dass erst wirtschaftlicher Erfolg sportlichen generiert. Aber neben der Finanzkraft sind andere Faktoren ebenfalls entscheidend für den wirtschaftlichen Erfolg und damit dann auch den sportlichen Erfolg. Dabei steht an erster Stelle die Qualität des Managements und somit der Erfolg hinter dem Erfolg.

Daneben gibt es aber für den rein sportlichen Erfolg noch einen weiteren Faktor: Zufall. Geradezu sprichwörtlich ist hier der Ausspruch von Jürgen "Kobra" Wegmann, dem legendären Stürmer Dortmunds und des FC Bayerns der 80er Jahre: *"Erst hatten wir kein Glück und dann kam auch noch Pech hinzu"*.

Nun haben die Begriffe "Zufall" und "Glück" eigentlich nur eine Alibifunktion.

Von Zufall spricht man dann, wenn für ein einzelnes Ereignis oder das Zusammentreffen mehrerer Ereignisse keine kausale Erklärung gegeben werden kann. Zwar sagt man, dass das Zusammentreffen von Glück und Pech ex ante gleich verteilt ist, ex post jedoch werden z.B. durch falsche Schiedsrichterentscheidungen nicht alle Mannschaften gleichstark benachteiligt.

Soweit sich nun die Definition "Zufall" auf den rein sportlichen Leistungsbereich bezieht, so wird sicherlich auch in Zukunft "Glück" und "Pech" nicht unbedingt abwendbar sein. Aber für das hinter dem sportlichen Leistungsbereich liegende strategische und wirtschaftliche Management sollte der Begriff "Zufall" eliminiert werden. Zukunft entwickelt sich nicht durch Zufall, sondern durch Visionen.

Und diese Visionen können entwickelt werden in einem Ideen-Netzwerk: Es gibt für das, was als Output eines solchen nichtkommerziellen Projektes herauskommen kann, weder Vorgaben noch Vorstellungen. Alles, was dem Verein gegenüber den Wettbewerbern Vorteile erbringt und für Innovation und Vorsprung sorgt, ist der Weg zum Ziel.

Die Prämisse lautet deshalb: Hannover 96 übernimmt die Innovations- und Kreativführerschaft im nationalen (und europäischen?!) Profifußball! Welche Visionen so etwas bewegen können, soll hier nur einmal beispielhaft angeführt werden.

Weitere visionäre Schlagworte könnten z.B. sein:

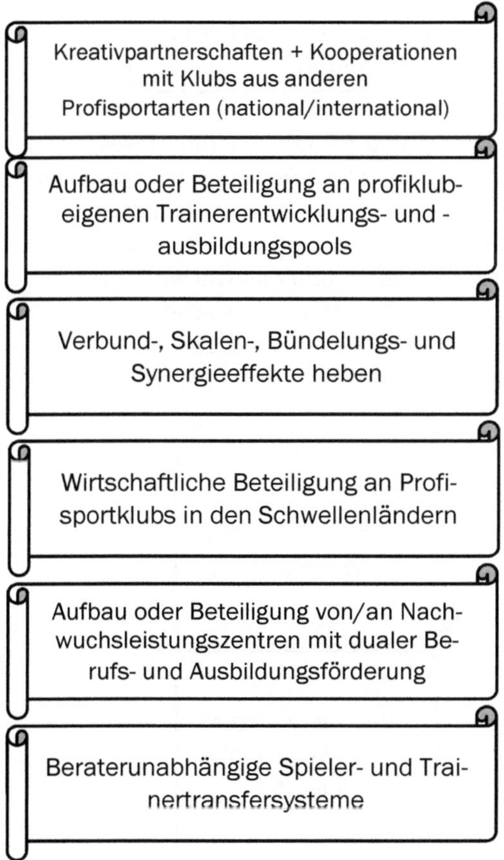

Wie gesagt sind das nur Beispiele, die zeigen sollen, wohin es gehen kann, wenn Ideen entwickelt werden. Es sollen Impulse sein, die vielleicht irgendwann umgesetzt werden können, um wirtschaftlichen Erfolg zu generieren.

Die Visionen sollen als kreativer, visionärer Output und zunächst nicht unbedingt mit Realitätsbezug, ohne emotionale Fansichtweise, ohne wirtschaftliche Machbarkeitsprüfung entwickelt werden und dabei allein die Strategien hinter dem sportlichen Leistungsbereich im Auge haben. Der operative sportliche Leistungsbereich bleibt dabei vollkommen außen vor!

Etwas, was sicherlich unabdingbar mit einer erfolgreichen wirtschaftlichen Zukunft verbunden ist:

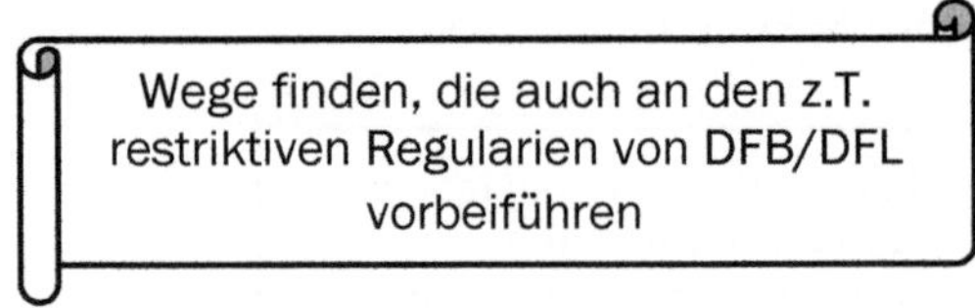

So wie weiland Günter Mast und Eintracht Braunschweig mit der Trikotwerbung oder die Aushebelung der 50+1-Regelung bei Hannover 96. Oder so, wie es der ehemalige Präsident des SV Arminia Hannover, Jürgen Scholz, gegenüber dem DFB geschafft hat, Hosenwerbung durchzusetzen. Das sind Beispiele dafür, wie man mit Ideen und innovativen Ansätzen auch die starren Regeln des DFB und der Deutschen Fußballiga (DFL) auflockern kann, um neue Wege in die wirtschaftliche Zukunft zu schaffen.

Die Kernfragen, die es also für die Zukunft zu beantworten gilt, lauten:

Ein "Strategiezirkel Zukunft" kann als nichtkommerzielles Projekt ein visionäres, kreatives und innovatives, interaktives Ideen-Netzwerk sein!

Unabhängig vom sportlichen und wirtschaftlichen Tagesgeschäft können so strukturelle Zukunftsideen entwickelt werden, die u.a. die vielfach "historisch gewachsenen", statischen und vorwiegend konservativen Vorgänge, Automatismen und Dogmen im derzeitigen Fußballgeschäft auf- oder ablösen könnten. Und das vornehmlich unter den Zielsetzungen Wettbewerbsoptimierung, Verbund- und Skaleneffekte realisieren, Flexibilisierung von Strukturen und Generierung von sportlichem Erfolg durch wirtschaftliche Leistungsfähigkeit. Ein solcher unabhängiger "Strategiezirkel Zukunft", ohne jegliche Funktion, Satzung, Beschluss- und Vorlagefähigkeit, könnte dabei mit Persönlichkeiten der verschiedensten gesellschaftlichen Bereiche und damit den unterschiedlichsten Erfahrungs- und Kreativkompetenzen zusammengesetzt sein:

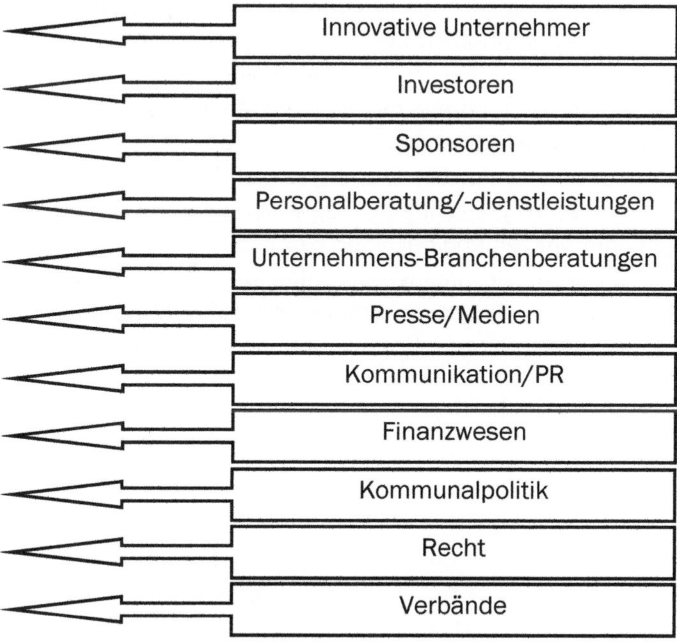

Als vollkommen offenes Netzwerk sind auch keine festgelegten Interaktionen vorgesehen. Alle Visionen und Ideen sind ergebnisoffen und auch unstrukturiert.
Deshalb kann an dieser Stelle auch noch nicht über mögliche Strukturen eines solchen Netzwerkes gesprochen werden, da sich diese erst aus den tatsächlichen Interaktionen ergeben würden.

Möglich wäre es, die interaktiven Ideen zu kommunizieren über

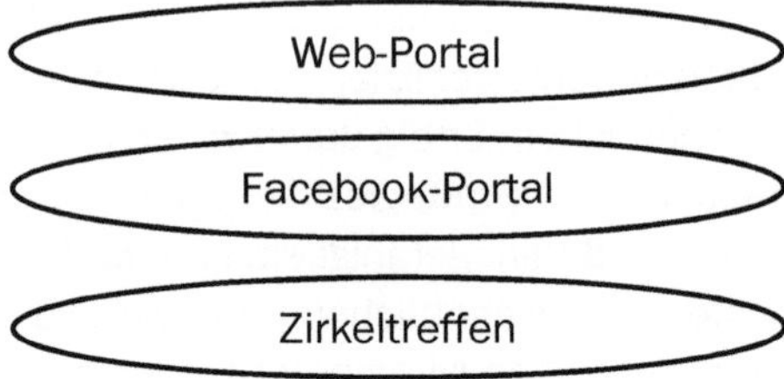

Die Bündelung von Visionen, Ideen oder strategischen Zukunftskonzepten sollte dann durch Moderation erfolgen.

Die Essenzen und Impulse aus den Visionen sollten ebenso interaktiv moderiert ermittelt und dann in unregelmäßigen Abständen kommuniziert werden.

Man wird dann zunächst feststellen müssen, ob ein solches Zukunftsmodell tatsächlich umsetzbar wäre. Ein "Strategiezirkel Zukunft" könnte somit der Marke Hannover 96 eine nachhaltige Dynamik geben und mittelfristig Entscheidungen unterstützen und begleiten.

So wie der FC Bayern die uneingeschränkte wirtschaftliche und sportliche Markenführerschaft im deutschen Profifußball auf unabsehbare innehaben wird, könnte die Marke 96 eine Kreativ- und Innovationsführerschaft im Profifußball übernehmen.

Quo vadis, Hannover 96?

Hannover 96 hat nach Auffassung der Autoren zu Beginn und während der Saison 2013/14 nicht gerade Entscheidungen getroffen, die in eine nachhaltige Zukunft führen.

Ein strategisch entscheidender Fehler war vielleicht, dass es nicht gelungen ist, mit Breitenreiter den besten deutschen Nachwuchstrainer rechtzeitig an Hannover 96 zu binden – das wäre zum Ende der vorletzten Saison durchaus noch möglich gewesen. Hierzu wurde in den Medien kolportiert, dass nicht der Sportdirektor Dufner, sondern der Nachwuchskoordinator Jens Rehagel bei Breitenreiter nachgefragt haben soll – das war sicherlich eine strategische Fehlentscheidung. Und so kommen die Autoren zu der Einschätzung, dass eine weitere Personalentscheidung Hannover 96 nicht gerade auf Erfolgsspur gebracht hat: Das ist Personalie Dirk Dufner. Auch wenn das durch den Präsidenten selbstverständlich anders gesehen wird und auch öffentlich anders dargestellt werden muss, können wir uns nicht vorstellen, dass Martin Kind mit dieser Entscheidung wirklich glücklich ist. Ein Sportdirektor ohne das Format, um richtungsweisende Zukunftsentscheidungen zu treffen, der allein im Tagesgeschäft hängenbleibt, dem die Balance zwischen Einkäufen und Verkäufen fehlt und dem es nicht gelingt, einen wirtschaftlich vernünftigen und nachhaltigen Ausgleich zu finden, ein Sportdirektor, der in der Saison 2013/14 auch den bis dahin höchsten Etat in der Geschichte von Hannover 96 in den Sand gesetzt hat mit dem Einkauf von in ihrer sportlichen Leistungsfähigkeit limitierten Spielern, mit wenig Charakter und, wie es Heiko Rehberg in seinem Kommentar vom 12. Mai 2014 in der Hannover Allgemeinen Zeitung[50] ausdrückte, noch dazu "begriffsstutzig". Es ist davon auszugehen, dass Martin Kind diese Fehlinvestition nicht korrigieren wird. Aber wir möchten trotzdem orakeln, dass die Zusammenarbeit zwischen Herrn Dufner und Hannover 96 nicht die gesamte Vertragslaufzeit überdauern wird.

Ein weiteres großes Fragezeichen steht auch hinter der Trainerentscheidung. Hat der Trainer von Hannover 96 ein Format wie Breitenreiter, Tuchel, Streich, Weinzierl oder auch wie Lieberknecht? Das Format des Trainers, korrespondierend mit qualifizierten Sportdirektoren (etwa Christian Heidel – Mainz 05, Stefan Reuter – FC Augsburg, Klemens Hartenbach und Jochen

---

[50] Kommentar: "Wie müde ist die Bundesliga?". Hannoversche Allgemeine Zeitung # 109 vom 12.05.2014.

Saier – SC Freiburg oder auch Marc Arnold – BTSV Eintracht) ist einer der wichtigsten Faktoren, um gute bis sehr gute Mannschaftsleistungen, auch ohne großen Geldtopf, zu generieren. Wenn wir in diesem Zusammenhang die Braunschweiger Eintracht erwähnen, so muss darauf hingewiesen werden, dass dieser Klub in der Saison 2013/14 inoffiziell "niedersächsischer Bundesligameister" geworden ist, sofern man die direkten Vergleiche der drei Niedersachsen-Klubs zugrunde legt: Braunschweig holte 8 Punkte vor Hannover 96 mit 7 und dem VfL Wolfsburg mit einem Punkt!

Kann ein Trainer, der ja offensichtlich das Ergebnis eines "Kompensationsgeschäftes" war, dieses Format liefern? Tayfun Korkut macht nach Medienmeinung durchaus ein sehr gutes Training. Doch entscheidend ist auf dem Platz. So charismatisch wie die genannten Protagonisten erscheint Korkut bisher nicht. Er gibt eher den Typ solider Co-Worker. Aber reicht das im "Showgeschäft" Bundesliga?

Eine bisher in der Öffentlichkeit noch nicht so hervorgekehrte Fragestellung ist die nach der Person und Funktion des Präsidenten Martin Kind selbst. Unzweifelhaft sind seine großen Verdienste, sein finanzielles und persönliches Engagement und seine Leidenschaft für Hannover 96. Hannover 96 und Martin Kind haben eine symbiotische Beziehung. Es sollte dennoch legitim sein, ohne als blasphemisch angesehen zu werden, auch gewisse Fragen aufzuwerfen:

- Sind seine Positionen noch klar und zielführend?
- Sind seine Entscheidungen noch souverän und erfolgsorientiert?
- Welche Interessenslage bestimmt sein Handeln? Die eines ehrenamtlichen Präsidenten oder die eines Investors mit Blickrichtung 2018?

Diese Fragen bleiben hier selbstverständlich unbeantwortet.

Aber es gibt noch mannigfaltige Baustellen bei Hannover 96, die kurz- und mittelfristig erledigt werden müssen, um die Zukunft des Klubs zielführend zu gestalten. Im Moment jedenfalls kann man nach hiesiger Auffassung bei Hannover 96 durchaus von Obsoleszenz sprechen, also davon, dass man Wert verliert.

Einige Baustellen, die bei einer solchen Ausgangslage sicherlich schwieriger abzuarbeiten sind, sind:

- Vermarktung – national/international
- Mannschaft
- Nachwuchsförderung
- Zukunftsfähigkeit

Im Folgenden sollen einige Impulse zu diesen Themenbereichen gesetzt werden.

Vermarktung – national/international

Als die Medien am 25. Juni 2014 den neuen Haupt- und Trikotsponsor von Hannover 96 bekannt gaben, da fragte sich die Mehrzahl der Anhänger: Heinz von "WER"? Die Irritation war schon sehr groß.

Nach dem Weltkonzern TUI mit seinem Smiley-Logo ist es nun mit Heinz von Heiden ein Massivhaus-Unternehmen aus der Region. Grundsätzlich kann man also feststellen: Grundsolide – festgemauert in der Erden. Für den Sponsor ist das Engagement sicherlich eine sehr gut durchdachte, strategische und nachhaltige Entscheidung. Das Unternehmen kann auf diesem Wege seine nationale Markenbekanntheit ausbauen.

Aber was bedeutet das für die Marke 96? Ist das der Weg in die Zukunft? Ist das der Weg zu einer nationalen Marke? Ist das der Weg auch zur internationalen Marke? Die Hannoversche Allgemeine-Zeitung (HAZ) schrieb am 19.07.2014 im Wirtschaftsteil u.a.:

> *"Als die TUI ihren Komplettrückzug aus dem Hannover-Sponsoring verkündete, hofften die Fans als Ersatz für das Lächellogo auf dem Trikots auf einen anderen glanzvollen Namen. [...] Ein Name stand auf der Wunschliste der 'Roten' eigentlich immer ganz oben – Hannovers größter und traditionsreichster Konzern: Continental."*

Und so spekulierten viele in Hannover auf ein springendes Pferd auf dem 96-Trikot – oder auch auf ein Ross(*mann*). Nun wird Continental Namensgeber der "Continental-Arena" in Regensburg (3. Liga). Was stimmt also in Hannover nicht? Weiter schreibt die HAZ:

> *"Die Conti ist wahrscheinlich einer der am wenigsten in seiner Heimatstadt engagierten Großkonzerne Deutschlands."*

Hat das auch etwas mit dem Image der Landeshauptstadt zu tun (vgl. hier Kapitel "Standortmarketing – Wirtschaftsfaktor Bundesliga")? Wo wollen Martin Kind und Hannover 96 nun also wirklich hin? Die Verbindung und Außenwirkung mit der Marke TUI war für 96 über 12 Jahre durchaus eine Markengeschichte mit hohem Wiedererkennungswert. Auf jeden Fall war TUI auch eine internationale Marke, die somit auch Hannover 96 eine, wenn auch nur geringe, aber dennoch vorhandene internationale Wahrnehmung verschaffte. Und nun: Back to the Roots? Zurück in die Region, zurück in die Provinz.

Es kann zwar noch nichts dazu gesagt werden, wie die Wahrnehmung des neuen Sponsors auf den Trikots von Hannover 96 in den anderen Bundesligaarenen und auch bei den TV-Übertragungen sein wird. Aber wir denken: Das Smiley-Logo wird man in der Bundesliga schon vermissen.

Wenn man bedenkt, dass der Sponsoring-Deal angeblich durch den Vermarktungspartner Sportfive eingefädelt worden ist und dass die Gesellschafterfamilie des Sponsors öfter in Martin Kinds Hotel Kokenhof zu Gast war, so kann man hier durchaus von einer "persönlichen Note" sprechen.

Der Schritt zu mehr internationaler Markenausrichtung wurde zunächst verpasst. Und dass es dem Vermarkter Sportfive nicht gelungen ist, einen Hauptsponsor mit internationaler Ausrichtung zu finden, zeigt, dass entweder der Vermarkter dazu nicht in der Lage ist oder Hannover 96 tatsächlich national und geschweige denn international nicht zu vermarkten ist.

Es ist über andere Vermarktungsstrategien in Form von Diversifizierungen oder Kooperationsmodellen nachzudenken, so wie sie u.a. im Kapitel "Berater – Fluch oder Segen?" angerissen wurden.

Gerade wenn, wie Martin Kind feststellt, sich das Umfeld in den letzten zehn Jahren verändert hat, dann muss sich doch auch der Verein verändern. Man muss Veränderungen gestalten, so sagte Martin Kind in Bezug auf die 50+1-Regel. *Veränderungen prägen die Ökonomie*, und für den neuen Hauptsponsor von Hannover 96 ist es sicherlich auch eine strategische Veränderung, wenn man für zunächst drei Jahre ein umfangreiches Rechtepaket eines Bundesligisten erworben hat. Trotz der nunmehr beginnenden Zusammenarbeit mit einem Unternehmen aus der Baubranche kann man sicherlich nicht davon sprechen, dass die Baustelle "Vermarktung – national/international" bereits abgeschlossen ist. Im Gegenteil!

Wie eine internationale Vermarktungsstrategie hätte aussehen können, wollen wir hier einmal als Vision darstellen:

So könnte z.B. die Abu Dhabi Airline "Etihad" ein potenzieller Trikot- und Hauptsponsor für 96 sein. Es gibt genug Fakten, die für eine solche Partnerschaft sprechen:

1. Etihad ist die am schnellsten wachsende Airline der Welt. Es ist anzunehmen, dass sie noch Potenzial für einen international breiten Marktauftritt benötigt.
2. Der Aufstieg der Airline, die erst 2003 gegründet wurde, liegt fast parallel mit der Zeit der Rückkehr von Hannover 96 in die Bundesliga.

3. 96 hat 12 Jahre lang das Logo eines Tourismus-Weltkonzerns auf den Trikots getragen. Also ist die Marke 96 als Markenkommunikator bereits sehr eng verbunden mit Reisen und Tourismus.
4. Die Emirate wollen, bevor die Ölreserven aufgezehrt sind, zum Tourismusmagneten werden. Dort werden Milliarden US-Dollar investiert und zu dieser Strategie gehört auch der Masterplan von Etihad.
5. Etihad ist mit 29 Prozent an Air Berlin beteiligt, was auch zeigt, wie wichtig der deutsche Markt für die Airline ist.
6. 96, als jahrelanger Markenträger für Reisen und Tourismus in der Bundesliga und in Europa, könnte ein idealer Kommunikator für die Marketingstrategie der Emiratis sein.
7. Für 96 wäre ein solch exponierter Sponsoringpartner von enormer internationaler Bedeutung. Die internationale Wahrnehmung und Bedeutung der Marke 96 würden mit einem solchen Partner exorbitant gesteigert.
8. Verbunden mit einem solchen Sponsoring wäre eine besondere Wahrnehmung der Marke 96 in den Emiraten selbst und damit einhergehend sicherlich vielschichtige Kontakte zu potenziellen Sponsoren und Investoren sowie internationalen Marketingplattformen.
9. Die internationale Vermarktung der Marke 96 wäre mit einem solchen Sponsoring sicherlich wesentlich effizienter und zielführender.
10. Vielleicht wäre es ja sogar möglich gewesen, über den bisherigen Partner TUI einen Kontakt zur Airline herstellen zu können.

Maybe in three years

Wenn man nun aufgrund der politischen Situation im arabischen Raum eine solche Variante nicht favorisieren möchte, so gibt es sicherlich genügend Alternativen für eine internationale Vermarktungsstrategie.
Wenn Hannover 96 so etwas wie eine Marketing- und Vermarktungsstrategie hätte, könnte man spätestens zum Ende der Vertragslaufzeit mit dem jetzigen Sponsor, aber möglichst schon früher nach einem Trikotsponsor Ausschau halten, der ebenfalls "Heinz" heißen könnte, aber eine internationale Marke ist: nämlich "Heinz Ketchup". Man stelle sich allein vor, welche optischen Gestaltungsmöglichkeiten sich da ergeben: Heimtrikot in Ketchup-Rot, Auswärtstrikot in Pommessaucen-Weiß oder in Curry-Mangosaucen-Gold – also Trikotfarben, wie sie Hannover 96 bereits in einer vorhergehenden Kollektion vorgestellt hat. Als internationale Marke würde dieser Sponsor auch die Internationalität von Hannover 96 erheblich aufwerten, und zwar insbe-

sondere auch auf dem amerikanischen Markt. Es fehlt aber offensichtlich an Visionen und Ideen, um sich mit Strategien zu beschäftigen, die im Moment noch sehr fern und nicht erreichbar erscheinen, und zu solchen Visionen gehört auch ein hohes Maß an Phantasie.

Solche Gedanken sollten unter dem Ansatz "Strategiezirkel Zukunft", wie wir ihn im Kapitel "Ein Weg in die Zukunft – Strategiezirkel" vorgestellt haben, gesehen werden – in direkter Interaktion sollten sich also aus visionären Ideen Essenzen ergeben, die wiederum in weitere Ideen einfließen können. Die von unterschiedlichen sozialen Rollen als Crowdsourcing eingebrachten Visionen können zu entsprechenden Zukunftsfeldern führen.

Mannschaft

Nun werden wir an dieser Stelle selbstverständlich nicht namentlich auf Personalien eingehen können, denn dazu fehlt uns die sportliche Fachkompetenz. Aber es geht auch nicht um Stärken und Schwächen von Personen oder Mannschaftsteilen. Es geht um die Mannschaft, um die wirtschaftliche Bedeutung von bestimmten homogenen Merkmalen, die den Erfolg oder Misserfolg bestimmen können. Wir glauben, dass hier eine weitere Baustelle von Hannover 96 liegt, weil es an kompetenter Aufarbeitung und Analysefähigkeit fehlt. Das ist zunächst nicht einmal eine Schwäche der Mannschaft selbst, sondern derjenigen, die eine Mannschaft ökonomisch zu verantworten haben.

In ihrem Buch "Die Wahrheit liegt auf dem Platz" haben Anderson/Sally u.a. Daten aufbereitet, die für die Saison 2010/11 die relative Qualität der Mannschaft von Hannover 96 nach Positionen abbildeten. Ausgangslage waren die Analysen von Sportdatenanalyst Dr. Anatolij Zelentsow, der erklärt:

"Jede Mannschaft hat Spieler, die sich zu 'Vereinigungen' verbinden, jede Mannschaft hat Spieler, die diese zerstören. Erstere haben die Aufgabe, auf dem Platz schöpferisch zu wirken; Letztere sollen die mannschaftlichen Aktionen des Gegners zerstören."

Dass, was Zelentsow beschreibt, ist der O-Ring-Produktionsprozess. Durch indikative Statistiken, die mit dem Castrol-Ranking[52] zusammen erstellt wurden, wurde der Zusammenhang zwischen den starken und den schwachen Mannschaftsgliedern und der Tordifferenz und Punktezahl untersucht, wobei

---

[52] Die Firma Castrol hat zur UEFA-Euro 2008 den Castrol-Index ins Leben gerufen, ein Werkzeug, um die Spielerleistung objektiv zu analysieren. Er wurde auch beim FIFA World Cup 2010 und der UEFA-Euro 2012 eingesetzt. Das "Castrol EDGE Ranking" liefert auf Grundlage der Daten von "Opta" eine monatlich aktualisierte Bestenliste der Spieler aus Europas fünf größten Ligen.

die Castrol-Zahlen in Prozentzahlen übersetzt wurden. Das Ergebnis war, dass bei Hannover 96 der elftbeste Spieler nicht viel schlechter war als der beste, mit einer relativen Qualität von 60 Prozent, während Borussia Mönchengladbach in diesem Ranking nur eine relative Qualität von 30 Prozent erreichte.

Wie gesagt: Das betrifft die Saison 2010/11, also die Saison, in der Hannover mit 60 Punkten(!) und Platz 4 abschloss. Wie mag nun wohl die relative Qualität für die Saison 2013/14 ausgesehen haben? Leider sind für uns hierzu noch keine Daten verfügbar. Aber mit ein wenig Sachverstand lässt sich sicherlich eine eindeutige Aussage treffen.

Nun ist die Datenanalyse heute ein wesentlicher Bestandteil des Profisports und auch des Profifußballs, und so kommt es nicht von ungefähr, dass der 1. FC Köln drei Vollzeit- und dreißig Teilzeitanalysten aus fünfzehn Ländern beschäftigt und mit "SportLab" eines der modernsten Analytikzentren im Profifußball unterhält. Und dort ist ja auch der ehemalige Sportdirektor von Hannover 96, Jörg Schmadtke, tätig, zu dessen Amtszeit in Hannover übrigens auch die zuvor beschriebenen, hervorragenden Daten erzielt worden sind.

Wenn man nun tatsächlich einen Vergleich mit der Saison 2010/11 wagt, so kann man ohne Zweifel feststellen: Zu diesem Zeitpunkt hatte Hannover 96 eine Mannschaft. 2013/14 waren es mehr oder weniger Einzelspieler, die, wie an anderer Stelle schon einmal erwähnt, nicht über genügend Charakter verfügten, sich zusammen als Mannschaft zu präsentieren. Die mannschaftliche Geschlossenheit wurde 2010/11 insbesondere durch Spielerpersönlichkeiten wie Steven Cherundolo, Karim Haggui in der Abwehr sowie im Mittelfeld und Sturm durch Sérgio Pinto da Silva, Jan Schlaudraff, Mohamed Abdellaoue und Didier Ya Konan repräsentiert. Wie wenig aber einige in der Saison 2013/14 dazu beitragen wollten, als Mannschaftsglied zu wirken, zeigt die Disziplinlosigkeit der Spieler Huszty und Sané am Ende der Saison, als diese eigenmächtig ihren Urlaub antraten bzw. an Freundschaftsspielen nicht mehr teilnahmen.

Für die neue Saison galt es also, eine Mannschaft zusammenzustellen und nicht Solokünstler zu engagieren. Hat Hannover 96 hierzu Führungskräfte mit der erforderlichen Kompetenz? Es reicht auch nicht allein, eine Vielzahl von Perspektivspielern u.a. von der TSG Hoffenheim 1899 oder vom FC Bayern zu kaufen, ohne für und mit diesen eine wirkliche Perspektive entwickeln zu können. So etwas zeugt von wenig Kreativität und von noch weniger Sachverstand. Und wie sich so ein uninspiriertes Vorgehen auszahlt, zeigt die Tatsache, dass fünf dieser Transfers bereits zur Winterpause 2014/15

wieder verkauft werden sollen[53]. Es handelt sich dabei u.a. um die mit großen Vorschusslorbeeren geholten Nachwuchstalente Stefan Thesker von der
TSG 1899 Hoffenheim, um Vladimir Rankovic, als große Nachwuchsperspek-
tive von Bayern München II verpflichtet, Florian Ballas, vom 1. FC Saarbrü-
cken geholt, und auch um Franca, Anfang 2014 von Figueirense/Basilien
unter Vertrag genommen. Es relativiert sich somit gleich wieder die vom
Sportdirektor und auch vom Trainer in Aussicht gestellte Ausrichtung der
Mannschaft auf die Zukunft, denn es ist keine Zukunftsperspektive, zunächst Perspektivtalente aus den Nachwuchsabteilungen der Mitbewerber
zu kaufen, um sie nach 6 Monaten dann wieder meistbietend abzugeben.

Nachwuchsförderung

Eigentlich müsste man den Bereich der Nachwuchsförderung als "F&E" (For-
schung & Entwicklung) bezeichnen. Der Bereich nämlich bezeichnet die
Nachhaltigkeit eines Geschäftsmodells. Wie ein Industrieunternehmen hat
auch ein Fußballunternehmen im Bereich "F&E" zu investieren, um auf lange
Sicht seine Wettbewerbsfähigkeit zu bewahren. Die Nachwuchsarbeit birgt
nicht nur strategische Potenziale in der Form einer Verstärkung der Lizenz-
mannschaft, sondern ebenso wirtschaftliche Gesichtspunkte.
So wird z.B. im Buch "Geld schießt Tore" von Dieter Hintermeier und Udo
Rettberg (2 Redakteure des "Handelsblatt")[54] beschrieben, dass Hertha BSC
in 2005 eine Anleihe herausgegeben hatte, deren Erlös allein in die Nach-
wuchsförderung geflossen ist.
Der VfB Stuttgart hat unter seinem damaligen Präsidenten Erwin Staudt (VfB-
Präsident von 2003-2007) fünf bis zehn Prozent des Gesamtumsatzes in die
Ausbildung des Nachwuchses investiert. Stuttgart verfügt damit über eine
der besten Nachwuchsschmieden der Bundesliga und hat solche Talente wie
Kevin Kurányi, Mario Gomez oder Sami Khedira hervorgebracht, hat es aber
bisher nicht unbedingt geschafft, den eigenen Nachwuchs erfolgreich in die
Bundesligamannschaft zu überführen.
Hannover 96 hat aber offensichtlich noch gar kein Konzept für die Zukunft
und lebt im Wesentlichen vom Tagesgeschäft und Tagesentscheidungen.
Am 28. Februar 2014 titelte die HAZ:

---

[53] "Hannover 96 plant Rückrunde ohne Quintett". www.weltfussball.de/news, 19.12.2014.
[54] Dieter Hintermeier, Udo Rettberg: "Geld schießt Tore". Carl Hanser Verlag, München/Wien.
2006.

In diesem Bericht ging es darum, dass die Eltern der "U14"-Junioren sich direkt an Martin Kind gewandt hatten, weil sie sich Sorgen um deren sportliche Zukunft machten. Demnach wurde von den Eltern festgestellt, dass es weder ein Konzept für die Zukunft noch den Willen, etwas an den bestehenden Strukturen zu ändern, gibt.

Um ein Konzept mit Visionen umzusetzen, benötigt man außergewöhnliche Stabilität, daran arbeitet man. Wenn man allerdings den Artikel[55] über das Nachwuchsleistungszentrum liest, muss man sich ernsthaft fragen, woran denn gearbeitet wird. Denn da werden einerseits 1,5 Mio. Euro Abfindung an Mirko Slomka gezahlt für den "Rauswurf". Da wird Kapital eingesetzt, ohne Wertschöpfung zu generieren. Andererseits muss man nun lesen, dass man das Kapital der Zukunft wegen fehlender Konzepte und Perspektiven offensichtlich nicht schöpfen kann. Die Frage, die sich hier stellt, ist doch: Kann das Kapital, das immer wieder für "Trainerwechsel" aufgewendet werden muss, nicht im Klub wesentlich nachhaltiger eingesetzt werden?

Gerade der Jugendbereich "U14" ist wegen der enormen Lern- und Entwicklungsfähigkeit das größte Potenzial eines Bundesligavereins als Zukunftsoption. Und somit wird auch, wenn man dieses Potenzial nicht hebt, Kapital verbrannt, da Chancen nicht wahrgenommen werden.

Und wenn man dann weiter liest, dass Martin Kind sich dieses Themas nun persönlich annehmen musste, dann fragt man sich: Wo sind dort die verantwortlichen Führungskräfte involviert, insbesondere der Sportdirektor? Es zeichnet sich für uns ab, dass Martin Kind bei der Bestellung der Führungspositionen nicht immer ein wirklich glückliches Händchen hat. Es gehört zu solch einer kritischen Betrachtung auch sein (medial oft so bezeichneter) "Verschleiß" von Managern und Trainern und die somit fehlende Kontinuität in der sportlichen Entwicklung. So arbeiteten in Kinds Amtszeit (1997–2005,

---

[55] "Was ist hier los?". Hannover Allgemeine Zeitung #50 vom 28.02.2014.

2006–2014) neun Sportdirektoren und elf Cheftrainer für Hannover 96.[56]
Und wenn sich nun der Chef auch noch selbst um ein solches Thema wie
Strukturen eines Nachwuchsleistungszentrums kümmern muss, und dabei
sogar einwirft, sich aber nicht von den Eltern "erpressen" zu lassen, die sich
in einem Brandbrief direkt an ihn gewandt hatten, dann steht das auch nicht
gerade für eine ausgeprägte Führungskompetenz.

Zukunft gestaltet sich jedenfalls anders!

Am 17. Mai 2014 wurde zwar zwischen Stadt und Verein eine Lösung prä-
sentiert, mit der Hannover 96 nun ein Nachwuchsleistungszentrum auf dem
Gelände des Eilenriedestadions bauen könnte.
Aber wann kann der Verein endlich Infrastruktur und Förderungsmöglichkei-
ten für Talente anbieten, wie sie bei anderen Bundesligaklubs längst vorhanden sind? *"Wir sind derzeit in dieser Kategorie nicht wettbewerbsfähig"*,
hat Kind immer wieder betont. Eigentlich eine Offenbarungseid!
Während andere Vereine wie der SC Freiburg immer wieder Talente aus der
eigenen Schmiede auf Dauer ins Profiteam integrieren können, war das bei
96 in den vergangenen Jahren eher die Ausnahme als die Regel. Selbst er-
klärtes Ziel ist es, pro Jahr einen in den eigenen Reihen ausgebildeten Kicker in die Bundesligamannschaft aufrücken zu lassen.
Dennoch ist in der Saison 2013/14 die U19 von Hannover 96 bis ins Finale
der Deutschen A-Jugendmeisterschaft gekommen (0:5 gegen TSG 1899 Hoffenheim). Ein temporärer Erfolg in der Jugendarbeit, der aber verstetigt werden muss. Bisher ist allerdings aus der U19 nur ein Spieler, nämlich Niklas
Teichgräber, in den erweiterten Kreis der Bundesligamannschaft gekommen.
Wie wichtig solche Erfolge im Nachwuchsbereich sind, zeigt sich auch in dem
gesteigerten Medieninteresse. So wird eine positive Wahrnehmung des Ge-
samtvereins in der Öffentlichkeit erreicht, die sich auf die Vermarktungsmög-
lichkeiten des Fußballunternehmens auswirkt.
Allerdings können nicht alle Bereiche eines Fußballunternehmens "Chefsa-
che" sein. Der "Chef" kann nicht auf jeder Baustelle gleichzeitig sein. Die
Baustelle zum Bau des Nachwuchsleistungszentrums (NLZ) soll im Frühjahr
2015 begonnen werden. Es bleibt zu hoffen, dass nach dem Flughafen Ber-
lin-Brandenburg und der Elbphilharmonie nun nicht auch in Hannover eine
Langzeitbaustelle eröffnet wird.

---

[56] wikipedia.de - Stichwort: Martin Kind

Zukunftsfähigkeit

Im bereits mehrfach zitierten Buch "Geld schießt Tore" wird u.a. auch die Zukunft aus Sicht von Ökonomen betrachtet:

> *"Wie die Welt in 20 Jahren aussehen könnte, interessiert allgemein. Die Ergebnisse sollten Grundlage für das strategische Verhalten von Wirtschaftsunternehmen – und damit auch der sich in diese Richtung entwickelnden Fußballclubs – sein."*

Es werden sich aus ökonomischer Sicht in den nächsten Jahren gravierende Veränderungen ergeben. Wie auch in der Vergangenheit werden sich die Lebenszyklen von Produkten und auch Dienstleistungen weiter verändern und somit auch die potenziellen Geschäftsfelder.

Um als Fußballunternehmen für die Zukunft gerüstet zu sein, gilt als grundlegende Zielsetzung die Rückführung der Korrelation von sportlichem und wirtschaftlichem Erfolg, also die Verstetigung der ökonomischen Leistungsfähigkeit eines Fußballunternehmens. Die Realisierung dieses Zieles wird insbesondere erreicht durch eine konsequente Diversifizierungsstrategie.

Hierzu stellt Christian Keller in seinem Buch "Corporate Finance im Profifußball"[57] u.a. fest:

> *"Komplementarität zwischen neuen und alten Geschäftsfeldern gewährleisten laut einer Studie der Boston Consulting Group insbesondere die Kombination Fußballunternehmen und Freizeitmarkt."*

Dieses wäre z.B. für Hannover 96 ein veritabler Diversifikationsansatz. Als langjähriger Markenkommunikator des Touristikweltkonzerns TUI war Hannover 96 sozusagen das touristische Aushängeschild des Profifußballs und somit über Jahre hinweg auch ein exzellenter Markenträger für Freizeit, Reise und Tourismus.

Zu den breiten Feldern für die Zukunftsfähigkeit von Hannover 96 gebe es noch eine ganze Reihe von Ideen und Visionen, die über Vermarktungskonzepte und Kooperationsmodelle bis hin zu strategischen Überlegungen reichen.

Am 3. Februar 2014 hat Martin Kind im Hinblick auf das Thema Zukunft in einem Brief an den Mitautor geantwortet: "Der Bundesligafußball bei Hannover 96 lebt im Wesentlichen noch vom Tagesgeschäft und Tagesentscheidungen. Den nächsten Schritt konnten wir bisher noch nicht erfolgreich erreichen."

---

[57] Christian Keller: "Corporate Finance im Profifußball". ibidem-Verlag, Stuttgart, 2006.

Nun ist Zukunft keine One-Man-Show. Wir verstehen Zukunftsgestaltung als einen kreativen und schöpferischen Prozess. Und wir haben bereits an anderen Stellen aufgezeigt, wie man Zukunft durch einen gemeinsamen Input und Crowdsourcing gestalten kann.

Auch Hannover 96 kommt nicht an dem Begriff Globalisierung vorbei. Auch Hannover 96 kommt nicht an der Verantwortung vorbei, die Zukunft zu planen. Auch Hannover 96 muss aus ökonomischer Sicht seine Abhängigkeit vom Fußball stärker reduzieren.

Alles, was hierzu im Kapitel "Masterplan Zukunft" bereits ausgeführt wurde, gilt auch für die Zukunftsfähigkeit von Hannover 96. Die Zukunftsfähigkeit von Hannover 96 sollte daher nicht nur aus den Kompetenzen derer bestehen, die vermeintlich das Profifußballgeschäft verstehen. Was immer das auch bedeuten mag. Die Zukunft ist die Zeit, die subjektiv gesehen der Gegenwart nachfolgt. Das Fatale, was dieser Aussage innewohnt, ist, dass man leider geneigt ist, Zukunft mit den Mitteln der Gegenwart zu planen. Und es wäre fatal für Hannover 96 mit dem Humankapital der Gegenwart in die Zukunft zu gehen. Man sollte bei 96 aber nicht den Fehler begehen, auf die Zukunft zu warten, denn die Zukunft ist schon heute immer der nächste Tag. Jedes Wirtschaftsunternehmen, das das Tagesgeschäft vor einer Zukunftsstrategie ansiedelt, geht einen Schritt in die Vergangenheit.

Über die Zukunftsfähigkeit von Hannover 96 kann man nur sinnieren: Zukunft ist für Hannover 96 zurzeit noch die Vergangenheit. Und die Gegenwart wird bestimmt von Bedenkenträgern. Bedenkenträger führen von der Gegenwart in die Vergangenheit. Die Zukunft von Hannover 96 beginnt, wenn die Baustelle "Sportdirektor" erledigt ist. Aber da ist ja noch nicht einmal Richtfest!

Vorgeschichte – Vision + Idee

Ein Beispiel, wie visionäre Konzepte und Ideen aussehen könnten, wird im Folgenden aufgezeigt. Ausgangspunkt unserer Idee war der Artikel "Der 180-Grad-Trick", der am 24.12.2012 in der Hannoverschen Allgemeinen (HAZ) erschien, und zwar bezeichnenderweise in der gesellschaftspolitischen Rubrik "Blick in die Zeit" und nicht im Sportteil.

Dieser Artikel befasste sich mit dem "Blitzwechsel" von Dieter Hecking im Dezember 2012 vom 1. FC Nürnberg zum VfL Wolfsburg. Hecking hatte zu der Zeit aber noch einen gültigen Arbeitsvertrag mit Nürnberg bis 2014. Das Brisante an diesem Deal ist dabei, dass auch Martin Kind den Trainer Dieter Hecking in 2006 aus einem bestehenden Vertrag beim damaligen Zweitligisten Alemannia Aachen "herausgekauft" hatte. Später bezeichnete Kind dann die Trennung von Hecking im Jahr 2009 als einen seiner größten Fehler.[58]

Der Artikel in der HAZ war untertitelt "So sind die Sitten: Wie Dieter Hecking Fußballtrainer in Wolfsburg wurde". Dadurch wird eigentlich auch klar, dass es sich hier nicht um einen der "traditionellen" Trainerwechsel nach dem Prinzip "Hire and Fire" handelte, sondern um ein Geschäft, bei dem es nicht mehr wirklich um die Einhaltung bestehender Verträge ging. Denn auch der Geschäftsführer Sport des VfL Wolfsburg, Klaus Allofs, hatte kurz vorher in 2012 aus einen noch bestehenden Vertragsverhältnis bei Werder Bremen heraus bei dem generös alimentierten Werksklub angeheuert.

Und da es in diesem Artikel auch um mehr als Sport ging, spekulierten wir, welche Antworten hier wohl zu finden sind.

Als erste Antwort ergab sich für uns, dass die "180-Grad"-Kehre von Dieter Hecking von Franken nach Niedersachsen eine Heimkehr war. Aber wohin wirklich? Deshalb ergab sich nach einer weiteren Überlegung zwangsläufig die zweite Antwort: Dieter Hecking kehrt nicht nur nach Niedersachsen zurück, sondern könnte auch in der Saison 2013/2014 mit Mirko Slomka, der zum Zeitpunkt des Artikels seine Vertragsverlängerung bei Hannover 96 noch nicht unterzeichnet hatte und auch in Wolfsburg im Fokus stand, die Plätze tauschen.

In der weiteren Diskussion über den Artikel und die seinerzeitige Situation beider Teams gab es aus sportlicher Sicht sogar gute Gründe, einen solchen Wechsel bereits temporär für die Rückrunde 2012/2013 zu vollziehen. Wäh-

---

[58] Hannoversche Allgemeine Zeitung vom 24.12.2012 – eingeschobener Artikel "Die späte Reue des 96- Präsidenten" zum Hauptartikel "Der 180-Grad-Trick".

rend Hannover 96 zu dem damaligen Zeitpunkt angesichts der Mehrfachbe-
lastung und Zahl der Gegentore von der Defensivarbeit eines Dieter He-
ckings hätte profitieren können, wäre beim VfL Wolfsburg eher der Offensiv-
geist eines Mirko Slomkas gefragt gewesen. Nach Ausloten dieser strategischen Optionen reifte die nächste, wenn auch rein visionäre Antwort: Die
beiden müssten demnächst als "Doppellösung" in einem "Cheftrainerpool"
von Hannover 96 und VfL Wolfsburg situativ eingesetzt werden können.
Und so wurde in weiterer intensiver Diskussion eine "Idee" geboren: Vereine
des deutschen Profifußballs (1.-3. Liga) kooperieren durch gemeinsame Be-
reitstellung und Finanzierung eines "Pools" für Cheftrainer und Übungsleiter.
Und diese "Idee" werden wir nunmehr unter den Gesichtspunkten Risikodiversifikation, Synergieschöpfung, wirtschaftliche Verbundeffekte und Wettbewerbsoptimierung vorstellen.

Was ist die Idee?

Wie oft stellen sich die geneigten Fußballfans während einer Saison die Fragen, insbesondere nach schmerzhaften Niederlagen: War die Mannschaft
richtig eingestellt? Entsprach Taktik und Spielanlage dem, was tatsächlich
für diesen Gegner geboten erschien, oder doch nur der Spielphilosophie des
eigenen Trainers? War die Mannschaft zu offensiv oder zu defensiv eingestellt? Kann der Trainer die Mannschaft noch erreichen und motivieren?
Gibt es nicht immer wieder Situationen, in denen man sich wünscht, für bestimmte Spielpaarungen oder für entsprechende Tabellensituationen temporär einen anderen Head-Coach und damit eine andere Spielphilosophie zu
haben?
Und letztlich wissen wir alle hinlänglich, was passiert, wenn ein Trainer mit
seiner Mannschaft nicht den gewünschten Erfolg einspielt. Die Ultima Ratio
– Trainerentlassung! Und diese geschieht in der Regel aus einem Vertrag mit
einer mehrjährigen Laufzeit heraus, so dass Abfindungen gezahlt werden
müssen. Das kann man nur als Kapitalvernichtung ohne Wertschöpfung bezeichnen. Aber auch der umgekehrte Weg, das "Herauskaufen" aus einem
bestehenden Vertrag, siehe zum Beispiel den Transfer von Dieter Hecking
2006/2007 von Alemannia Aachen zu Hannover 96, erfordert zusätzliches
Kapital.
Insoweit wäre es einfacher, wenn man sich aus einem "Pool" bedienen könnte. Einem Pool also, in dem Vereine horizontal kooperieren und so situativ
auf den Head-Coach zurückgreifen können, der für bestimmte Spielpaarungen und Tabellensituationen als geeignet erscheint. Ein Pool also, der dar-

über hinaus qualitativ hochwertiges Trainerpotenzial praxisorientiert ausbilden und weiterbilden könnte, um es dann für zukünftige höhere und anspruchsvolle Aufgaben durch die einzelnen Kooperationspartner einsetzen zu können.

So weit, so gut! Aber umsetzbar? Diese Idee erscheint zunächst utopisch und ist in der Beurteilung wohl sehr differenziert zu betrachten. Aktuell erscheint sie deshalb kaum umsetzbar. Oder?

"Jeder Mensch, der sagt, ich mache das so, weil ich es schon immer so gemacht habe, ist auf dem Weg nach unten", so Robin Dutt, ehemaliger Trainer von Werder Bremen[59]

Es gibt für diesen Ideenansatz durchaus Umsetzungsbeispiele:

1. "Spezialtrainerteams" im American Football.
2. Auch in der Bundesligasaison 2012/13 haben Leverkusen und Nürnberg (übrigens nach dem "Weggang" von Dieter Hecking) ihre Mannschaften vorübergehend mit "Doppelspitzen" betreut.
3. Auf einer Ebene, zu der man letztlich auch den Profifußball rechnen muss, nämlich dem Showbusiness und Entertainment, gibt es zentralisierte Strukturen. Dort übernehmen z.B. Produktionsfirmen, wie DeMol oder Grundy-UFA, die Produktionen für verschiedene Sender, die aber untereinander im Wettbewerb stehen. Dabei werden die jeweiligen Protagonisten für mehrere "Abnehmer" eingesetzt. Es erfolgt eine vernetzte Wertschöpfung.
4. Ebenso ist es im Bereich des technischen Equipments für Fernsehübertragungen, z.B. auch der Bundesliga. Auch hier gibt es vernetzte Sharing-Strukturen, die die Produktionstechnik für mehrere Abnehmer bereithalten, wie z.B. TVN aus Hannover.

Anhand dieser Beispiele zeigt sich, dass durch diesen für jeden Unternehmer nachvollziehbaren Ansatz die Entwicklung und der Erfolg eines Investitionsobjekts, wie es eine Spitzensportmannschaft ist, zu einem wert- und nachhaltigen "Asset" nicht nur in die Hände eines einzigen sportlichen Verantwortlichen gelegt werden sollte. Die ewig gleichen Spielsysteme, Spielerpräferenzen und psychologischen Motivationsansprachen an ein Team nutzen sich auf Dauer ab. Wenn dieser Punkt erreicht ist, ist der nächste kostspielige

---

[59] Hannoversche Allgemeine Zeitung vom 28.05.2013

"Trainertransfer" nur eine Frage der Zeit. Und das bedeutet wieder – Kapitalvernichtung!

Durch diese bekannten Mechanismen geht zum Ärgernis der finanziell involvierten Führungskräfte und Investoren Kapital ohne Wertschöpfung verloren, das Vertrauen in die Marke sinkt. Übrigens: Seit 1963 (bis zur Spielzeit 2012/13) gab es 328 vorzeitige Trainerentlassungen[60]. Um diesen "Teufelskreis" zu durchbrechen, könnte ein "atmendes Trainerkarussell", dem nie die Luft ausgeht, die effektive Antwort sein. Diversifikation und Vielfalt eines Trainerpools können helfen, Mannschaften auf den Punkt neue, effiziente Impulse zu geben und die sportwirtschaftliche Entwicklung eines Vereins nachhaltig zu gestalten und zu sichern.

Unsere Idee geht dabei einen konsequenten Schritt weiter, in dem dieser Ansatz nicht auf einen Fußballverein beschränkt wird: Es könnte ein "Pool" aus Head-Coaches und Übungsleitern gebildet werden, der mehrere Mannschaften temporär und situativ, wenn eben nötig, übernehmen und betreuen könnte. Die Verantwortung für den sportlichen Erfolg, je nach sportlicher Situation und Tabellenlage (national/international), eines Teams würde dann von dem individuellen Trainer übernommen, der für die tatsächliche sportliche Lage der Geeignete wäre, und müsste nicht über einen kostspieligen "Trainertransfer" erledigt werden. Wir gehen davon aus, dass sich genau aus diesem Grund der Charakter des sportlichen Wettbewerbs bei den beteiligten Kooperationspartnern wie der gesamten Bundesliga sogar intensivieren würde und somit auch ein Stück Wettbewerbsfähigkeit gegenüber den exklusiven Premium-Vereinen hergestellt werden könnte.

Die jeweiligen kooperierenden Vereine stehen dabei aber weiterhin untereinander im Wettbewerb, vergleichbar mit Marken und Werken eines Konzerns, die sich ebenfalls im internen Wettbewerb jeweils behaupten müssen, dabei aber auf das Know-how des Konzerns personell, strategisch und technisch als Verbundeffekte zurückgreifen können. Zur potenziellen Umsetzung dieser Idee müssten aus unserer Sicht drei wesentliche Voraussetzungen erfüllt sein: Erstens eine professionelle Kommunikation mit pragmatischen Fans, zweitens die sport-, aufsichts- und arbeitsrechtliche Unabhängigkeit des "Pools" und drittens die weitgehend paritätisch gestaltete wirtschaftliche Unterstützung aller beteiligten Kooperationspartner durch Investoren und Sponsoren ("Financial Fair Play").

Wie könnte eine solche Konstellation aussehen? Wir stellen dies zunächst für die niedersächsischen Vereine dar: Hannover 96 ("Die Roten"), Eintracht

---

[60] sportschau.de/transfermarkt.de

Braunschweig ("Die Gelben") und VFL Wolfsburg ("Die Grünen"). Als Synonym für unsere Idee nennen wir diese Vereine "Die Ampel".

Hinzu kommt, dass alle drei Vereine direkt oder indirekt die Unterstützung des Volkswagenkonzerns haben. Gerade bei Volkswagen ist das Prinzip der Risikodiversifikation im Fußballsponsoring gelebte Praxis.

Warum sollte es also auf der Seite der Trainer und Übungsleitung bei Monostrukturen bleiben?

Ein Kooperationsmodell

Grundsätzlich erbringt ein Trainerpool Dienstleistungen für personalwirtschaftliche Verbundeffekte – vor allem Flexibilisierung, Risikotransfer und Vermeidung von Opportunitätskosten – mit dem Ziel der Wettbewerbsoptimierung von Fußballklubs im Amateur- und Profibereich.

Dabei ist das Geschäftsmodell eines Trainerpools dasjenige eines koordinierenden "Fourth-Party-Dienstleisters". Anders als ein Berater als klassischem Vermittler zwischen Spielbetriebsgesellschaft und Trainern/Spielern bietet der Trainerpool selbstständige Dienstleistungen an (u.a. Vertragsmanagement, Rechnungswesen, Personaldisposition, Aus- und Weiterbildung), die Aufgaben und Funktionen aller Kooperationspartner übernehmen können. Im Kapitel "Fazit Vision" wird darüber hinaus dargestellt, wie ein solches Geschäftsfeld umfänglicher gestaltet werden könnte.

Ein "Pool" würde alle Trainervarianten beinhalten: Offensivtrainer, Defensivtrainer, Konzepttrainer, Strategietrainer, Perspektivtrainer, Motivationstrainer, Taktiktrainer.

Das Kooperationsmodell geht davon aus, dass zunächst die bestehenden Strukturen, insbesondere die Head-Coach-Funktion, in den jeweiligen Vereinen bzw. Spielbetriebsgesellschaften nicht geändert werden können, da es sich hier um langjährig praktizierte Verfahrensweisen und Vertragskonstellationen handelt.

Somit ist ein Kooperationsmodell auch nicht kurzfristig umsetzbar. Es sieht vielmehr den Aufbau bis zum Head-Coach-Konzept auf einer mittelfristigen Zeitschiene vor, auf der die Poolstrukturen organisatorisch, wirtschaftlich und insbesondere personell sowie sportfachspezifisch aufgebaut und somit das Potenzial und die personellen Ressourcen geschaffen werden sollen, als sportliche und wirtschaftliche Grundlage des Konzepts. Das Endstadium am Ende der Zeitschiene wäre dann das Head-Coach-Konzept.

Ein solches Kooperationsmodell ist dabei ein exzeptionelles Projekt, ein gemeinsamer und gesellschaftsrechtlich unabhängiger Trainer- und Übungsleiterpool. Betriebswirtschaftlich geht es hier einerseits um die Schaffung von sportlichen und kaufmännischen Verbundeffekten zur qualitativen Wettbewerbsoptimierung, ebenso um die Bündelung von Kompetenzen und vor allem um die Hebung von erheblichen, nachhaltigen und wertschöpfenden Synergien bei den beteiligen Poolteilnehmern/Kooperationspartnern. Aber vor allem trägt dieses auch zu einer schnelleren und flexibleren Reaktion auf sportliche und wirtschaftliche Veränderungen bei. Darüber hinaus ergibt sich eine wesentlich komfortablere Verhandlungsposition gegenüber den Beratern und Vertretern der Trainer.

Andererseits kann das Risiko von Kapitalvernichtung durch den immer wiederkehrenden Kreislauf des "Trainerkarussells" optimiert oder gar eliminiert werden. Darüber hinaus wäre ein Trainerpool die optimale Plattform, um Nachwuchstrainer praxis-, leistungs- und erfolgsbezogen aus- und weiterzubilden und zu fördern und so an das Profigeschäft auf der Zeitschiene zum Head-Coach-Konzept heranzuführen. So kann ihr Potenzial für die Poolteilnehmer sportlich und wirtschaftlich erschlossen und genutzt werden.

Sportstrategisch würde ein solches Netzwerk dann auch die derzeit sicherlich unabdingbaren "Trainer-Marktregularien" nachhaltig beeinflussen und verändern, da ohne Kapitalvernichtung durch "Trainertransfers" die Rotation der Spielsysteme, Mannschaftsstrukturen und Motivationslagen je nach sportlicher Ausgangslage zu ändern und anzupassen wären.

Grundsätzlich unterscheidet sich ein Kooperationsmodell von den bisher in der Branche üblichen konventionellen Vermittlungen, wie z.B. auch dem 2002 von Gerd vom Bruch, ehemaliger Trainer von Borussia Mönchengladbach, ins Leben gerufenen Beratungsangebot "Coach & More", doch ganz entscheidend.

Während die bisherigen Vermittlungskonzepte allein zum Ziel haben, Trainer und Spieler an Vereine zu vermitteln bzw. interessierten Vereinen bei der Trainersuche zu helfen, ist das Kooperationsmodell ein Beschäftigungs- sowie Aus- und Weiterbildungspool und somit auch ein Arbeitgeber- und Sportdienstleistungsangebot, das vorrangig durch die Kooperations-/Poolpartner genutzt und betrieben wird. Allerdings ist weitergehend auch eine Nutzung der personellen Ressourcen des Pools durch Dritte als Wertschöpfungsfaktor vorgesehen.

Darüber hinaus ist das Kooperationsmodell als eine Art "Risikoversicherung" zu verstehen und trägt somit nachhaltig und im erheblichen Umfang zur Risikodiversifikation bei den Kooperationspartnern bei. Um nun die Idee des Kooperationsmodells an praktischen Beispielen anschaulich darzustellen, werden hier zwei Transaktionen aus dem Juni 2013 herangezogen:

1. Zum einen der Wechsel des damaligen U23-Trainers (und ehemaligen Cheftrainers des 1. FC Nürnberg) Valérien Ismaël von Hannover 96 zum VfL Wolfsburg. Da es sich hierbei sogar um zwei der "Namensgeber" eines fiktiven Kooperationsmodells (Synonym "Die Ampel") handelt, kann dieses Beispiel mit direktem Bezug herangezogen werden. Im Grunde wäre dieser Wechsel die klassische Variante einer Rotation innerhalb eines Kooperationsmodells. Der Wechsel des Hauptakteurs würde hier dann nicht als bilaterale Vertragsangelegenheit vollzogen, sondern Arbeitgeber wäre weiterhin das Kooperationsmodell und die Rotation erfolgte dann innerhalb eines Poolingvertrages. Die sportfachlichen Ressourcen und das Potenzial des Protagonisten blieben für die Poolteilnehmer für eine spätere, auch weiterreichende Nutzung erhalten.

2. Anhand des Vertragsmodells beim Spielerwechsel des Spielers Leonardo Bittencourt von Borussia Dortmund zu Hannover 96: Nach Medienberichten wurde dem abgebenden Verein ein Rückkaufsrecht eingeräumt. Auch dieses Beispiel ist übertragen auf einen Trainerpool ein "Rotationsgeschäft" auf bilateraler Basis und zeigt, dass derartige Vertragsmodelle bereits gängige Praxis sind. Angewandt auf ein Kooperationsmodell würde in diesem Falle keine bilaterale Rotation stattfinden, sondern eine solche "Rückgabe-Option" über den Pool erfolgen.

Darüber hinaus ist das bereits sehr intensiv betriebene Ausleihgeschäft von Spielern auf Gegenseitigkeit eine Rotation. Deshalb ergibt sich hier die Fragestellung: Weshalb sollte so etwas nicht auch für das Trainergeschäft über Pool-/Kooperationsmodelle möglich sein? Es zeigt sich, dass auch eine "Nachnutzung" durch die Poolteilnehmer über ein Kooperationsmodell durchaus auf sinnvolle, nachhaltige, wertschöpfende und vor allem auch sportwirtschaftliche Weise erfolgen kann, ohne dass damit immer wieder neue Vertrags-, Ablöse- und Entgeltstrukturen entwickelt werden müssen.

Zum Nutzungskonzept eines Kooperationsmodells, insbesondere auf der mittelfristigen Zeitschiene des Aufbaus der Poolstrukturen gehören Trainer-/Übungsleiter im Amateurfußball (bis Liga 4 – Trainer-Lizenz B) und insbesondere auch in den Nachwuchsförderzentren. Das wertschöpfende, betriebswirtschaftliche, synergetische sowie ausbildungsfördernde und weiterbildende Element bildet zudem der "Drittnutzerbereich", indem die Pool-Trainer im Amateur- (bis Liga 4) und 2./3.-Ligabereich eingesetzt werden. Die sogenannte "Drittnutzung" ist damit der Bereich, der auch die Erfolgs- und Leistungsnachweise zur Förderung im Poolbereich und damit die Potenzial-

und Ressourcenbildung für die Poolteilnehmer ermöglicht, wobei sich auch der betriebswirtschaftliche und wertschöpfende Faktor für das Kooperationsmodell aus einer nachhaltigen "Drittnutzung" ergeben soll.

Warum können Verbundeffekte der Schlüssel für ein erfolgreiches Sportunternehmen sein?

Betriebswirtschaftlich sollen Verbundeffekte entlang der Wertschöpfungskette für qualitative Wettbewerbsoptimierung sorgen. Somit steht die Effizienz der Prozesse von vertikaler und horizontaler Produktions- und Handelsstufe stets im Vordergrund. Anders gesagt ist das erste Ziel von Verbundeffekten die Kostenoptimierung, nicht die Kostenreduzierung.

Im Hinblick auf das Geschäftsmodell des Trainerpools tangieren die Rollen und Leistungen eines Fußballtrainers in erster Linie die immateriellen, also qualitativen Vermögensgegenstände des Fußballunternehmens, denn dessen Arbeitsleistung ist messbar am sportlichen Erfolg der Mannschaft und an der "Performance", d.h. der Zufriedenheit aller Stakeholder des Fußballunternehmens. Beides ist Grundlage für den wirtschaftlichen Erfolg aus dem Spielbetrieb und dem Mehrwert der "Marke".

D.h., die Optimierung immaterieller Vermögensgegenstände zur Verbesserung der Wettbewerbsposition eines Fußballklubs erschließt sich durch intelligente Verbundeffekte wie z.B. "Smartsourcing".

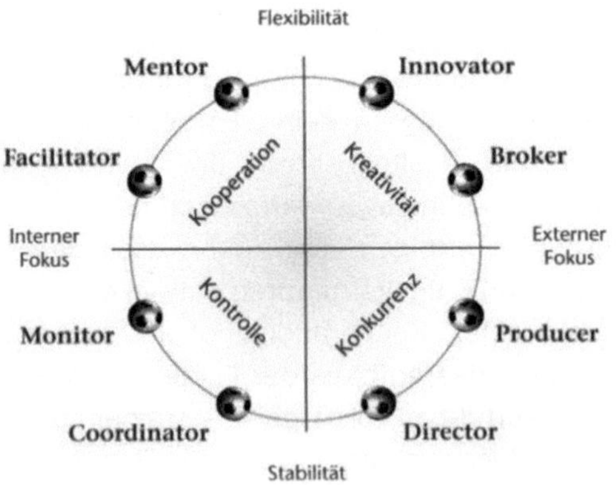

---

61 Abb.: 8 Rollen des Fußballtrainers nach Competing Value Framework, nach Voepel/Landwehr "Management für die Champions League", 2009

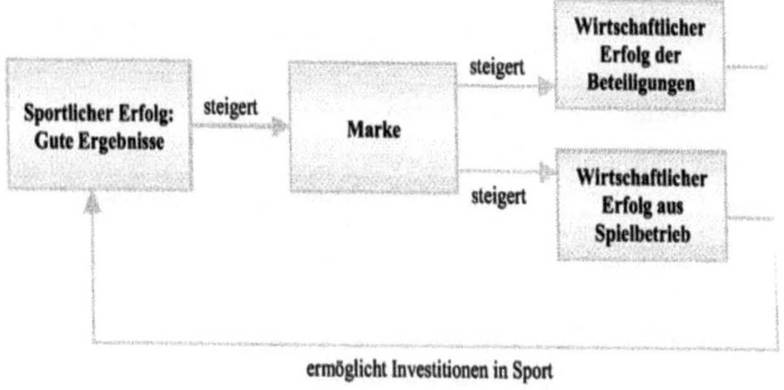

[62]

"Nicht Geld schießt Tore, sondern gutes Geld macht Fußballunternehmen besser!"

Kompetenzen/Organisation eines Kooperationsmodells

<u>Benötigte Kompetenzen</u>

- ◆ Netzwerkmanagementkompetenz – Partnerpool
- ◆ arbeitsrechtliche und Arbeitgeberkompetenz
    - o ANÜ-Kompetenz
    - o Dienst-/Arbeitsverträge
    - o Entgeltsysteme
- ◆ finanztechnische/betriebswirtschaftliche Kompetenz
- ◆ Informationsmanagement, Rechnungswesen und Controlling
- ◆ Kommunikationskompetenz
    - o Medien, Öffentlichkeitsarbeit, Fankultur
    - o Investoren/Poolteilnehmer
- ◆ sportorganisatorische, -fachliche und rechtliche Kompetenz

---

[62] Abb.: Sportlicher und wirtschaftlicher Erfolg im Profifußball, nach Keller "Corporate Finance im Profifußball", 2006 – *ibidem*-Verlag, Stuttgart

<u>Organisation</u>

- ◆ Poolpartner – Investoren/Kooperationspartner/Gesellschafter
- ◆ operativer Bereich
  - ○ Personalwesen, Arbeitnehmerüberlassung und Arbeitgebereigenschaft
  - ○ Kommunikation, Marketing, Öffentlichkeitsarbeit, Medien, Fankultur
  - ○ Administration
- ◆ Betriebswirtschaft, Controlling
- ◆ Finanz- und Rechnungswesen
- ◆ Sport- + Zivilvertragsrecht
- ◆ Rechte + Lizenzen
- ◆ Personalverwaltung + Verträge
- ◆ Entgeltsysteme

<u>Funktionseinheit Sport</u>

- ◆ Einsatzbereichsteuerung intern/extern
- ◆ Einsatzkoordination, Disposition, Schnittstellenfunktion zu den Anwendern
- ◆ Akquirierung der Dritteinsatzmöglichkeiten außerhalb des Poolpartnerbereiches, Einsatzbetreuung
- ◆ Aus- + Weiterbildung, Förderung
- ◆ Erfolgs- und Leistungskontrolle
- ◆ Organisation
- ◆ Vertragswesen extern
- ◆ DFB-Trainerlizenzen und Betreuung

Kurzbeschreibung Funktionseinheit SPORT

Die Funktionseinheit SPORT ist die zentrale Operationseinheit eines Kooperationsmodells. Hier bündeln sich alle operativen Transaktionen und Funktionen eines wertschöpfenden Gesamtkonzeptes. Wir betrachten diese Schlüsselfunktion deshalb auch unter dem Begriff "Smartsourcing" – also die intelligente, clevere und betriebswirtschaftliche Teilausgliederung von sportfunktionellen Human-Ressourcen, die aber dabei gleichzeitig in den sportoperativen Leistungseinheiten der Anwender erhalten bleiben.

Smartsourcing bedeutet dabei, dass die jeweiligen sportfachlichen Mitarbeiter des Pool-Systems physisch und auch fachspezifisch in die Anwender- und Sportleistungsbereiche integriert sind und insbesondere in die Leistungsorientierung und die Leistungsziele und ebenso in Corporate Identity (CI) + Corporate Responsibility (CR) der jeweiligen Sportmarke implementiert werden. So ist dieses Personal dabei unabhängig von der Pay-Roll ein vollintegriertes Glied in der Leistungskette der Marke und des Markenkerns.

Smartsourcing als intelligente Lösung orientiert sich dabei nicht nur an einer rein quantitativen Kostenoptimierung, sondern wird geleitet von Qualitäts-, Leistungs- und Erfolgsorientierung. Ein Kooperationsmodell als Smartsourcing steht damit im Einklang mit den Qualitäts-, Leistungs- und Erfolgszielen der Nutzer und Anwender und damit auch der Marken- und Sportphilosophie der jeweiligen Anwenderbereiche und Sportbetriebsgesellschaften.

Mögliche Organisationsstruktur eines Kooperationsmodels

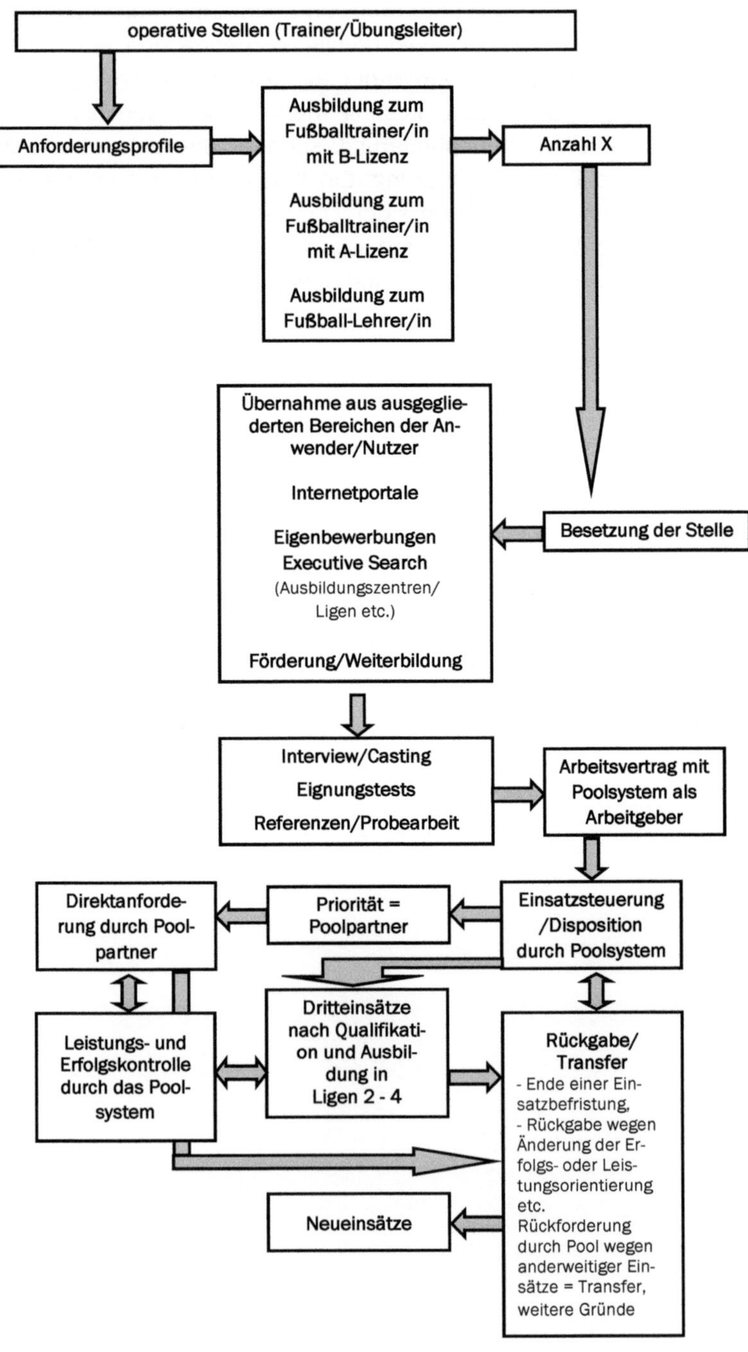

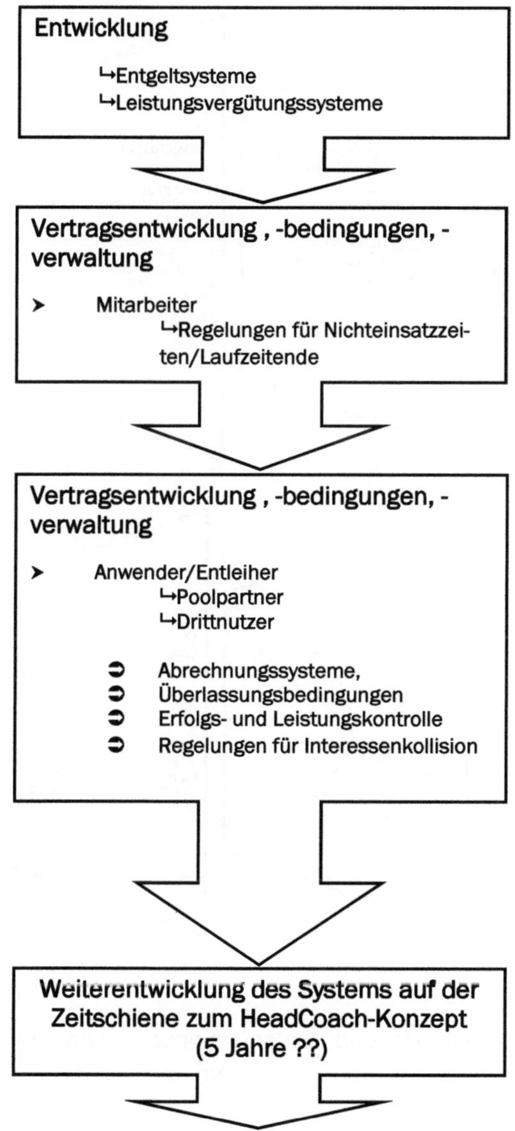

Entwicklung
↳Entgeltsysteme
↳Leistungsvergütungssysteme

Vertragsentwicklung , -bedingungen, -verwaltung
➤ Mitarbeiter
↳Regelungen für Nichteinsatzzeiten/Laufzeitende

Vertragsentwicklung , -bedingungen, -verwaltung
➤ Anwender/Entleiher
↳Poolpartner
↳Drittnutzer
Abrechnungssysteme,
Überlassungsbedingungen
Erfolgs- und Leistungskontrolle
Regelungen für Interessenkollision

Weiterentwicklung des Systems auf der Zeitschiene zum HeadCoach-Konzept
(5 Jahre ??)

Die mögliche Vorgehensweise

Die erweiterten Kompetenz- und Organisationsbereiche eines solchen Kooperationsmodells müssen dann in einem detaillierten Businessplan erarbeitet und spezifiziert werden.

Das mögliche Finanzierungsmodell

"Marktvolumen" – Daten + Fakten

Um einmal deutlich zu machen, welches Volumen an Kapital ohne Wertschöpfung pro Saison theoretisch (aber wohl auch faktisch) eingesetzt wird, haben wir hier zuächst alle Vertragsrestlaufzeiten der Trainer nach vorzeitigem Amtsende in der 1. Bundesliga aufgelistet, und zwar über 5 Spielzeiten von 2008/09 bis 2012/13 sowie für die Hinserie 2013/14[63]. Diese Zeitschiene entspricht somit der angenommenen Zeitschiene für ein Head-Coach-Konzept eines fiktiven Trainerpool-Modells.

---

[63] Quellen: Transfermakt.de, wikipedia.de

Trainerwechsel							
Name	Verein	Antritt	Amtsende	Tage im Amt	Laufzeitende Vertrag [e)]		Tage Restlaufzeit
Saison 2008/2009							
Frontzek	Bielefeld	11.09.2007	17.05.2009	614	30.06.2009	[a)]	44
Rutten	Schalke	01.07.2008	20.03.2009	262	30.06.2010		467
Veh	Stuttgart	09.02.2006	23.11.2008	1018	30.06.2009	[a)]	219
Luhukay	MG	01.02.2007	05.10.2008	612	30.06.2009		268
Saison 2009/2010							
Herrlich	Bochum	27.10.2009	29.04.2010	184	30.06.2011		427
Labbadia	Hamburg	01.07.2009	26.04.2010	299	12.12.2010	[a)]	230
Veh	Wolfsburg	01.07.2009	25.01.2010	208	30.06.2010	[a)]	156
Klinsmann	Bayern	01.07.2008	27.04.2009	300	30.06.2010		429
Oenning	FCN	31.08.2008	21.12.2009	477	30.06.2010	[a)]	191
Babbel	Stuttgart	23.11.2008	06.12.2009	378	30.06.2010	[a)]	206
Favre	Berlin	01.07.2007	28.09.2009	820	30.06.2011		640
Koller	Bochum	01.07.2005	20.09.2009	1542	30.06.2011		648
Hecking	96	08.09.2006	19.08.2009	1076	22.12.2009	[a)]	125
Andersen	Mainz	01.07.2008	03.08.2009	398	30.06.2010		331
Saison 2010/2011							
Schaefer	Köln	25.10.2010	27.04.2011	184	30.06.2012		430
Skibbe	Frankfurt	01.07.2009	22.03.2011	629	27.07.2011	[a)]	127
Magath	Schalke	01.07.2009	16.03.2011	623	16.03.2011	[a)]	0
Veh	Hamburg	01.07.2010	13.03.2011	255	30.06.2012		475
Frontzek	MG	01.07.2009	13.02.2011	592	03.10.2012	[a)]	598
McClaren	Wolfsburg	01.07.2010	07.02.2011	221	30.06.2012		509
Rangnick	Hoffenheim	01.07.2006	31.12.2010	1644	31.12.2010	[b)]	0
Soldo	Köln	01.07.2009	24.10.2010	480	30.06.2011		249
Gross	Stuttgart	06.12.2009	13.10.2010	311	30.06.2011		260
Saison 2011/2012							
Solbakken	Köln	01.07.2011	12.04.2012	286	30.06.2013		444
Dutt	Bayer	01.07.2011	01.04.2012	275	30.06.2013		455
Kurz	FCK	01.07.2009	20.03.2012	993	01.01.2013	[a)]	287
Skibbe	Berlin	22.12.2011	12.02.2012	52	17.05.2012	[c)]	0	500.000,00 €
Stanislawski	Hoffenheim	01.07.2011	09.02.2012	223	30.06.2012		142
Sorg	Freiburg	01.07.2011	29.12.2011	181	30.06.2012	[a)]	184
Babbel	Berlin	01.07.2010	18.12.2011	535	10.02.2012	[a)]	54
Rangnik	Schalke	21.03.2011	22.09.2011	185	22.09.2011	[d)]	0
Oenning	Hamburg	13.03.2011	19.09.2011	190	30.06.2012		285
Saison 2012/2013							
Schaaf	Bremen	10.05.1999	15.05.2013	5119	30.06.2014		411
Kurz	Hoffenheim	01.01.2013	02.04.2013	91	30.06.2013		89
Büskens	Fürth	27.12.2009	20.02.2013	1151	30.06.2013		130
Hecking	FCN	23.12.2009	31.12.2012	1104	31.12.2012	[a)]	0
Stevens	Schalke	27.09.2011	16.12.2012	446	30.06.2013		196
Babbel	Hoffenheim	10.02.2012	03.12.2012	297	30.06.2014		574
Magath	Wolfsburg	18.03.2011	25.10.2012	587	30.06.2014		613
					Restlauftage in 5 Jahren		10893
Name	Verein	Antritt	Amtsende	Tage im Amt	Laufzeitende Vertrag [e)]		Tage Restlaufzeit
Saison 2013/2014 - Hinrunde							
Labbadia	Stuttgart	12.10.2010	26.08.2013	1049	30.06.2015		673
Fink	Hamburg	17.11.2011	17.09.2013	670	30.06.2014		286
Wiesinger	Nürnberg	01.01.2013	20.02.2013	50	30.06.2013		130
Slomka	Hannover	19.01.2010	27.12.2013	1438	01.02.2014	[a) c)]	0	1.500.000,00 €
					Restlauftage		1089
					Gesamt - Restlaufzeit		11982

[a)] Datum Wiederbeschäftigung
[b)] Vertragsauflösung auf Gegenseitigkeit
[c)] Vertragsauflösung gg. Abfindung
[d)] Vertagsauflösung durch Trainer
[e)] angenommene Vertragslaufzeit 2 Jahre

Ebenso habe wir die Trainerentgelte der Saison 2012/2013 sowie der Hinserie 2013/14[64] aufgelistet und über diesen Gesamtwert einen Durchschnitt ermittelt, den wir auf einen Tagessatz heruntergebrochen haben.

---

[64] Quellen: Bild-Online, Focus-Online

Trainerentgelte 2012/2013 zu Beginn d. Saison		
Heynckes	München	5.000.000 €
Magath	Wolfsburg	2.800.000 €
Klopp	Dortmund	2.500.000 €
Schaaf	Bremen	2.000.000 €
Favre	MG	1.500.000 €
Labbadia	Stuttgart	1.500.000 €
Veh	Frankfurt	1.500.000 €
Stevens	Schalke	1.500.000 €
Fink	Hamburg	1.400.000 €
Slomka	Hannover	1.200.000 €
Hyypiä + Lewandowski	Leverkusen	1.600.000 €
Babbel	Hoffenheim	1.000.000 €
Hecking	Nürnberg	900.000 €
Tuchel	Mainz	800.000 €
Büskens	Fürth	600.000 €
Streich	Freiburg	500.000 €
Weinzierl	Augsburg	500.000 €
Meier	Düsseldorf	450.000 €
	Durchschnitt Trainerentgelt	27.250.000 €
		1.513.889 €
	Durchschnitt Tagesgage	4.148 €

Trainerentgelte 2013/2014 zu Beginn d. Saison		
Guardiola	München	12.000.000 €
Klopp	Dortmund	6.000.000 €
Hecking	Wolfsburg	1.800.000 €
Veh	Frankfurt	1.800.000 €
Favre	MG	1.700.000 €
van Marwijk	Hamburg	1.600.000 €
Hyypiä	Leverkusen	1.500.000 €
Slomka	Hannover	1.200.000 €
Dutt	Bremen	1.200.000 €
Tuchel	Mainz	1.200.000 €
Keller	Schalke	1.200.000 €
Luhukay	Hertha	1.000.000 €
Gisdol	Hoffenheim	800.000 €
Streich	Freiburg	700.000 €
Verbeek	Nürnberg	600.000 €
Weinzierl	Augsburg	500.000 €
Schneider	Stuttgart	400.000 €
Lieberknecht	Braunschweig	400.000 €
	Durchschnitt Trainerentgelt	35.600.000 €
		1.977.778 €
	Durchschnitt Tagesgage	5.419 €
	Durchschnitt-Tagesgage zusammen	4.783 €

In der Multiplikation der Summe der Restlauftage mit dem ermittelten Durchschnitts-Tagessatz ergeben sich somit die angenommenen Kapitalaufwendungen für Gehaltszahlungen bis zum Ende der Vertragslaufzeiten der "geschassten" Trainer über die letzten 5 Spielzeiten + Hinserie 2013/14 (11.982 Restlauftage x 4.783 Euro Tagesgage + 2 Mio. Euro Abfindungen) von ca. 59,3 Mio. Euro. Pro Spielzeit kann deshalb von einem Betrag von ca. 10,78 Mio. Euro ausgegangen werden. Wie erwähnt, sind das nur Zahlen aus der 1. Bundesliga und beinhalten nicht die Aufwendungen für die Trainerstäbe, die bei einem Trainerwechsel häufig mit ausgewechselt werden. Übrigens: Die durchschnittliche "Verweildauer" eines Trainers bei einem Verein lag bei 639 Tagen oder 1,75 Jahren (eingerechnet ist auch die Amtszeit von Thomas Schaaf bei Werder Bremen, die über die nahezu gesamte Berechnungsperiode andauerte).

Die hier ermittelten Daten sind allerdings theoretische Werte, da häufig mit den Vertragsauflösungen Abfindungsvereinbarungen getroffen werden, die nicht veröffentlicht werden. Diese entsprechen aber in etwa dem, was der Klub über die Restvertragslaufzeit noch zu zahlen gehabt hätte. Deshalb denken wir, dass diese Zahlen widerspiegeln, was an Kapital ohne Wertschöpfung für Trainerentlassungen eingesetzt wird. Das wäre somit auch das "Volumen", was mit einem innovativen Kooperationskonzept gehoben werden könnte.

Finanzplan

- Einlagen = Poolpartner/Kooperationspartner + Gesellschafter (unter Beachtung der Vorgaben § 10 Abs. 2e Ligaordnung [LO] der DFL (u.a. aus Rückstellungen f. Abfindungen Trainerentlassungen)
- Investoren
- öffentliche Förderung Bundesagentur f. Arbeit, KfW, EU etc.
- ggf. DFL (Fernsehgelder, bzw. Erweiterung Aufgaben des Sicherungsfonds nach Anlage VIII der LO)

- Überlassungsentgelte nach Abrechnungssystem
  - Grundentgelt = Arbeitsentgelt + Leistungs- und Erfolgsbeteiligung (Staffel) + Verwaltungszuschlag + Risikozuschlag + Erlöszuschlag
- Beratungsentgelte für Personal- + Sportberatungsleistungen Drittnutzer etc.
- Value Added Services
- Sponsorengelder

- Arbeitsentgelte für Poolmitarbeiter (nach individuellen Vereinbarungen)
- Leistungs- und Erfolgsbeteiligungen
- Rückstellungen für Risiko (Weiterbeschäftigung bei Nichteinsätzen)
- Weiterbildung + Fortbildung
- Administration, Backoffice, Personal (intern)

Die rechtlichen Voraussetzungen für ein Kooperationsmodell

A   Auf Seiten der Kooperations-/Poolpartner als Kapitalgesellschaften oder Vereine ist zunächst auf folgende Rechtsvorschriften abzustellen:

1. Satzung "Die Liga – Fußballverband e.V. (Ligaverband)"
2. "Lizenzierungsordnung" (LO) des Ligaverbandes vertreten durch die DFL.

Hinsichtlich §§ 4, 5, 10 der Lizenzierungsordnung (LO) sowie § 8 der Satzung Ligaverband werden dann in einem weiterführenden Businessplan zu einem Kooperationsmodell rechts- und interessenkonforme Lösungen dargestellt.

B   Für das Kooperationsmodell selbst sind zunächst folgende rechtliche Vorschriften relevant:

1. Arbeitnehmerüberlassungsgesetz (AÜG) §§ 1 ff. – Erlaubnis zur gewerbsmäßigen Arbeitnehmerüberlassung (ANÜ)
2. BGB §§ 652 ff. – Maklerrecht (private Personalvermittlung) – im Zusammenhang mit einer DFB-Spielervermittlungs-Lizenz gem. FIFA-Spielervermittlungs-Reglement 2008 (Players' Agents)
3. BGB §§ 611 – 630 – Dienstvertrag
4. Markenrecht – MarkenG – Eintragung und Schutz der Wortmarke (Bildmarke) als Projektname
5. Arbeitsrecht (komplex) – die arbeitsrechtliche Vertretung wäre dabei über die Mitgliedschaft in einer Arbeitgebervereinigung möglich – (z.B. AGV – Arbeitgebervereinigung Hannover + Umgebung e.V.)

Zusammenfassung: Chancen und Risiken

Chancen	Risiko
Kapitalmaximierung für Investoren	Finanzierung durch Kapitalgesellschaften für den Spielbetrieb oder den Verein berührt Lizenzverfahren nach § 10 Abs. 2e LO der DFL
Risikotransfer	Meldepflicht für haupt- und alleinverantwortliche Cheftrainer nach § 5 Abs. 1d LO der DFL
Diversifikation sportlicher Impulse durch Übungsleiter	Risikoaufschlag für Einsatzhonorare als Faktor für Gesamtkosten Trainerentgelt
Sportliche und wirtschaftliche Wettbewerbsoptimierung	Widerspruchsrecht Arbeitnehmer bei laufenden Verträgen (§ 613a Abs. 6 BGB)
Kostenoptimierung für Fußballunternehmen	"Streitfall", wenn zwei oder mehr Fußballunternehmen zur gleichen Zeit auf denselben Trainer zurückgreifen wollen (Interessenkollision)
Neue Wettbewerbskomponente	Koordinierungsaufwand
Echte Innovation	Akzeptanz durch DFL, UEFA, FIFA
"Thema" für Medien	Akzeptanz durch Trainer und Berater
Vernetzung der Trainerarbeit in unteren Ligen, Non-Profiligen und Nachwuchsbereich	Akzeptanz durch Fans
Stärkung der Marke "Bundesliga" durch Qualitätssteigerung	Bereitschaft des Personals zur Mitarbeit im Poolsystem

Fazit – Visionen

So wie die Idee zum Trainerpool als Kooperationsmodel entstanden ist und sich entwickelt hat, genauso lassen sich mannigfaltige Geschäftsideen und Geschäftsmodelle zur Diversifikation für Profifußballunternehmen entwickeln. Und hierzu sind zunächst keine finanziellen Aufwendungen erforderlich, sondern es reicht der Wille und die Bereitschaft, über den Tellerand hinaus zu schauen, Ideen aufzunehmen, Kreativität zu entwickeln, innovationsbereit zu sein und der Mut, einmal anders und quer zu denken. Das alles sind Hürden, die auch ein so dogmatisches Gebilde wie ein Profifußballklub überwinden kann.

Wir haben bereits mehrfach darauf hingewiesen: Die Bundesliga braucht Köpfe, die die Bereitschaft haben, über das Tagesgeschäft hinaus zu denken und zu handeln. Und diese Köpfe fehlen den meisten Bundesligavereinen – und dazu gehört auch Hannover 96.

Welche Ideen sich in solchen Geschäftsmodellen noch umsetzen ließen, haben wir beispielhaft im Kapitel "Berater – Fluch oder Segen?" hervorgehoben. Warum werden diese sehr lukrativen Geschäftsfelder "kampflos" denen überlassen, denen es allein um den eigenen Profit geht und weder um die Liga noch um den Klub geschweige denn um die Menschen, die dahinter stehen!

"Wenn die Verbände nicht aufpassen, werden sie eines Tages feststellen, dass der Fußball nicht mehr von ihnen gesteuert wird, sondern zu einem großen Teil von den Beratern", sagte Bayer Leverkusens Geschäftsführer Wolfgang Holzhäuser in der Zeitschrift Capital vom 19.07.2013.

Ist das nicht eindeutig ein Hinweis, sich hierüber einmal Gedanken zu machen?

Auch wenn die Regeln des Ligaverbandes hier anderes besagen und sich Lizenznehmer am Spielbetrieb der DFL nicht, einmal vereinfacht dargestellt, an Unternehmen beteiligen dürfen, so möchten wir hier eine weitere Anmerkung Martin Kinds aus einem Interview mit dem Handelsblatt im Mai 2014 zur derzeitigen Situation um die 50+1-Regel zu bedenken geben: *"Wir haben für den deutschen Profifußball Regeln verabschiedet, die mit der Entwicklung des Marktes nicht mehr voll umfänglich korrespondieren. Wenn man Veränderungen nicht gestaltet, schaffen sich die Marktteilnehmer Wege der Umgehung."*

Und genau so einen Umgehungstatbestand hat er mit dem Konstrukt der Hannover 96 SALES & SERVICE GmbH & Co. KG selbst geschaffen, was letztlich den Ausschlag gab, dass die Gesellschafter 2018 den Profispielbetrieb ohne 50+1-Regel übernehmen werden. Deshalb geht es auch nicht um die Frage der Regeln des Ligaverbandes, sondern zunächst um Geschäftsideen. Außerdem gibt es für alles auch immer noch den Europäischen Gerichtshof (EuGH), der uns ja schon mit so schönen Dingen wie dem "Bosman-Urteil"[65] versorgt hat. Die Frage ist nicht, ob etwas möglich ist, die Frage ist, ob man etwas wirklich möglich machen will.

Als Ansätze für das, was wir hier als Vision einer Geschäftsidee, eines Geschäftsfeldes oder Geschäftsmodells zur Diversifizierung in Form eines Kooperationsmodells vorgestellt haben, dienen u.a. auch die Ausführungen des Kapitels "Diversifikation wie, wo, was?" und des Kapitels "Berater – Fluch oder Segen?". Somit können auch die folgenden Bereiche mit einem solchen Modell abgedeckt werden:

Scouting, Nachwuchsförderung und -ausbildung, Fußball-Akademie, Spielerdatenanalyse, Indexsysteme zur Leistungsbewertung, Spielerberatung und -betreuung, Langzeitleihbasis- und Leasing-Konzepte, Transferrechte, Vergütungs- und Verrechnungssysteme mit inkludierten Transferleistungen, Beteiligungs-, Crowdfunding- und Investoren-Modelle, Klubvermarktung, Branding, Hospitality, Medien etc.

Wird es jemanden aus dem erlauchten Kreis der Profifußballklubs geben, der dieses Geschäftspotenzial und natürlich noch weitere Diversifizierungsmöglichkeiten für sich nutzen wird? Werden die Vereine erkennen, dass das Marktpotenzial, das sich für die vielen Diversifizierungpotenziale allein durch den Stellenwert des deutschen Fußballs durch den Titelgewinn der WM 2014 ergeben hat, jetzt sehr erfolgreich gehoben werden kann?

Hier ist sicherlich abschließend sehr große Skepsis angebracht. Und somit bleibt auch die Frage: "Quo vadis, Bundesliga?" weiter aktuell. Was hier beschrieben wurde, ist deshalb auch nicht nur eine Retrospektive auf die Spielzeit 2013/14, sondern auch ein Ausblick auf die zukünftigen Spielzeiten der Bundesliga und von Hannover 96.

---

[65] Als Bosman-Entscheidung (auch Bosman-Urteil) wurde eine Entscheidung des Europäischen Gerichtshofes (EuGH) aus dem Jahr 1995 bekannt, welche zum einen besagt, dass Profi-Fußballspieler in der Europäischen Union nach Ende des Vertrages ablösefrei zu einem anderen Verein wechseln dürfen, und zum anderen die im europäischen Sport bestehenden Restriktionen für Ausländer zu Fall brachte. Quelle: wikipedia.de.

Schlusswort

Ich habe als Siebenjähriger 1954 in einem Gaststättensaal im Oberharz auf dem Fußboden in der ersten Reihe sitzend vor einem winzigen Schwarzweiß-Bildschirm das Wunder von Bern miterleben dürfen, ohne überhaupt das Ereignis richtig einordnen zu können. Mein Sohn, der 1974 geboren wurde, hat als Baby die Schwingungen und Impulse eines Endspiels bei einer Fußballweltmeisterschaft erleben können, und auch so entstand zwangsläufig die Leidenschaft zu dem faszinierendsten Sport der Welt.

In den 60er Jahren hat sich in Hannover meine Leidenschaft zum Fußball zunächst auf die reinen Leistungen fokussiert, egal welche Vereinszugehörigkeit, so landete ich sowohl bei den "Blauen" (SV Arminia Hannover) als auch bei den "Roten". Die "Blauen" mit den großartigen Solisten Ulsaß und Elfert und dem bulligen Perau waren sicherlich Anfang der 60er in Hannover das spielerische Maß aller Dinge.

Der Wettbewerb hat dann entschieden, dass die "Roten" 1964 in die Aufstiegsrunde zur neuen Bundesliga kamen und auch in fantastischen Spielen den Aufstieg schafften. Unvergessen der 3:1 Sieg am 28. Juni 1964 gegen Hessen Kassel vor 76.000 Zuschauern im Niedersachsen-Stadion, bei dem ich als 17-jähriger auf den Stehplatzrängen der Westtribüne gestanden habe, und von diesem Tag an war ich ein "Roter". Wie leidensfähig man dann aber sein musste, das war zu diesem Zeitpunkt noch nicht vorauszusehen.

Aus der Leidensfähigkeit erwuchs über die Jahre zusammen mit meinem Sohn, der ebenfalls seine Leidenschaft für die "Roten" entwickelt hatte, eine gewisse Kritikbereitschaft. Kritik aber, die sich nur auf die Sachverhalte beschränkt, die wir mit eigenen Visionen, Vorstellungen, Wissen und Kenntnissen versuchen zu untermauern. Und das sind die Aspekte, die die Ökonomie und die Zukunftsfähigkeit betreffen und dieses mit dem Ziel der Erreichung von maximalem Erfolg, sowohl wirtschaftlich und, sich daraus ergebend, dann auch sportlich.

Und so sind aus kritischen persönlichen Analysen über den Fußball im Allgemeinen, die Bundesliga und Hannover 96 im Besonderen, verbunden mit der Leidenschaft für Hidden Champions und für Erfolg und Zukunft, Fragestellungen, Ideen, Visionen und Strategieansätze entstanden.

Deshalb ergeben sich nun zum Schluss aus allem trotzdem mehr Fragen als Antworten:

Eine Frage ergibt sich u.a. aus dem aktuellen Geschehen bei Hannover 96. Ist es sinnvoll, für 5 Mio. Euro (Marktwert lt. transfermarkt.de = 3 Mio. Euro) einen Stürmer wie Joselu aus der Bundesliga zu kaufen? Ist nicht ein Stoßstürmer, der bereits in der Bundesliga gespielt hat und dessen Spielweise somit auch bekannt ist, ein "verbrannter" Stürmer? Hat Hannover 96 nicht die erfolgreicheren Deals mit Stürmern gemacht, die aus anderen europäischen Ligen kamen, wie 2009 Didier Ya Konan und 2010 Mohammed Abdellaoue, die aus der norwegischen Liga von Jörg Schmadtke verpflichtet wurden und somit in der Bundesliga noch nicht so bekannt waren?

Eine weitere Frage ist die nach dem Führungspersonal. Hat Hannover 96 mit dem bestehenden Führungskräften und hier speziell dem Sportdirektor das Potenzial für die Zukunft? Hat dieser Funktionsträger die Leidenschaft und die fachliche Fähigkeit sich mit dem, was er tun muss, kompetent zu identifizieren?

Und: Ist Hannover 96 fit für die Zukunft? Wird man rechtzeitig erkennen, wo man hin muss? Ist man fit für einen Kulturwandel im Geschäft Profifußball? Es schließen sich dann noch weitere Fragestellungen an:

♦ Werden Entscheidungsträger oder Bedenkenträger Hannover 96 in die Zukunft führen?

♦ Wird sich Hannover 96 als Wirtschaftsunternehmen weiterentwickeln? Und wird man die Herausforderungen für Erfolg annehmen?

♦ Ist es nicht zu kurz gedacht, Hannover 96 nur von einer regionalen Marke zu einer nationalen Marke machen zu wollen? Sind nicht die globalen Herausforderungen gerade die wirtschaftlichen Zukunftsperspektiven?

♦ Werden wirtschaftliche Strategien wie Diversifikation und Kooperationen weiterhin nur mit Unverständnis betrachtet und setzt man hierzu das Kommunikationsfasten fort?

♦ Wird Hannover 96 den Wettbewerb in der Bundesliga um Kapital und wirtschaftlichen Erfolg annehmen? Wird Hannover 96 dann damit auch sportlichen Erfolg generieren können?

Das alles sind Fragen, die sich nicht nur für Hannover 96 stellen, sondern auch für die Bundesliga insgesamt. Denn nur wer die meisten dieser Fragestellungen mit Leben erfüllen kann, wird im Wettbewerb sowohl wirtschaftlich als auch sportlich in Zukunft bestehen können. Und genau das ist es, was die Bundesliga braucht, Wettbewerb!

Ohne wirklichen Wettbewerb werden wir weiterhin solch uninspirierte Spielzeiten erleben wie 2013/14. Dabei besteht die Gefahr, dass die Leidenschaft für den Fußball mehr und mehr einschläft. Daran wird, nachdem sich die Euphorie gelegt hat, auch der WM-Titel der Nationalmannschaft nichts ändern. Und dann würden sich auf die Frage "Quo vadis, Bundesliga?" kaum mehr Antworten finden lassen.

Das kapitalisierte Fußballgeschäft steht wohl vor den größten Herausforderungen, die es je bewältigen musste. Die Leichtigkeit des Spiels setzt sich leider so nicht an den Schreibtischen der Verantwortlichen fort. So ist sicherlich die Aussage von Martin Kind zu interpretieren, getroffen in der "Niedersächsischen Wirtschaft"[66], auf die Frage, ob es seinerzeit eine richtige Entscheidung war, für Hannover 96 die Verantwortung zu übernehmen: *"Ich habe die Herausforderung angenommen, weil ich beweisen wollte, dass man es schaffen kann. Aber mit dem Wissen von heute noch einmal zurückversetzt in das Jahr 1997 würde ich die Verantwortung nicht wieder übernehmen."*

---

[66] "Sportunternehmen" - Interview mit Martin Kind. Niedersächsische Wirtschaft – Ausgabe Juni 2014.

... die Fans feiern ihren Verein (HSV) so mitreißend wie lange nicht mehr. Wenn nur der Fußball nicht wäre.

Marcus Sommerey

Die Jugendkultur der Ultras

Zur Entstehung einer neuen Generation von Fußballfans

168 Seiten, Paperback. **€ 24,90**

ISBN 978-3-8382-0051-4

Antje Luz

Fußballgötter und ihre Philosophien
Mit einem Vorwort von Jürgen Klinsmann und Interviews mit Gigi Buffon, Zlatan Ibrahimovic, Paolo Maldini u.a.

164 Seiten, Paperback.
€ 19,90
ISBN 978-3-8382-0258-7

Mit bunten, spektakulären Choreographien, überdimensionalen Fahnen und Spruchbändern, lautstarken Gesängen und Anfeuerungsrufen, angeführt von einem mit Megaphon ausgestatteten Vorsänger, sind die Ultras ein echter Blickfang und heute in fast jeder Fankurve deutscher Fußballstadien zu finden. Mit den Ultras entstand aber nicht nur eine neue Generation von Fußballfans, sondern auch eine neue Jugendkultur. In der öffentlichen Wahrnehmung werden Ultras fast immer mit den gewaltbereiten Hooligans gleichgesetzt. Eine solche Pauschalisierung wird der Vielschichtigkeit der Ultras jedoch nicht gerecht. Marcus Sommerey analysiert in seiner Studie die Ultraszene, ihre Zusammensetzung und ihre Attraktivität für die Jugendlichen. Dabei geht er der Frage nach, welche Gefahren derzeit von der Ultrabewegung ausgehen. Der Autor zeichnet ein detailreiches Bild der Ultraszene und gewährt dem Leser so aufschlussreiche Einblicke in die Strukturen einer neuen Jugendkultur.

Der Autor:
Marcus Sommerey, geb. 1980 in Mülheim an der Ruhr, Studium der Praxisorientierten Sozialwissenschaften (Studienrichtung Soziale Arbeit und Erziehung) mit dem Schwerpunkt Jugendsoziologie und dem Nebenfach Psychologie an der Universität Duisburg-Essen, ist derzeit in der Jugendberufshilfe und als pädagogischer Berater tätig.

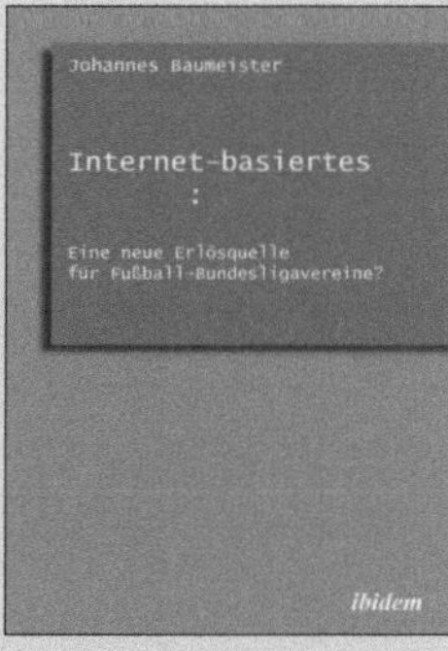

Johannes Baumeister

Internet-basiertes Club-TV: Eine neue Erlösquelle für Fußball-Bundesligavereine?

122 Seiten, Paperback.
€ 24,90
ISBN 978-3-8382-0119-1

***ibidem*-Verlag**

Melchiorstr. 15

D-70439 Stuttgart

info@ibidem-verlag.de

www.ibidem-verlag.de
www.ibidem.eu
www.edition-noema.de
www.autorenbetreuung.de